幼读《论语》精选

——和孩子一起学《论语》

林　旵　编著

浙江工商大学出版社 ZHEJIANG GONGSHANG UNIVERSITY PRESS | 杭州

图书在版编目(CIP)数据

幼读《论语》精选:和孩子一起学《论语》 / 林旵
编著. — 杭州:浙江工商大学出版社,2018.12
ISBN 978-7-5178-3056-6

Ⅰ.①幼… Ⅱ.①林… Ⅲ.①儒家②《论语》-少儿
读物 Ⅳ.①B222.2-49

中国版本图书馆CIP数据核字(2018)第270765号

幼读《论语》精选——和孩子一起学《论语》
YOUDU LUNYU JINGXUAN——HE HAIZI YIQI XUE LUNYU

林 旵 编著

责任编辑	沈敏丽 王黎明
封面设计	林朦朦
责任印制	包建辉
出版发行	浙江工商大学出版社
	(杭州市教工路198号 邮政编码310012)
	(E-mail:zjgsupress@163.com)
	(网址:http://www.zjgsupress.com)
	电话:0571-88904980,88831806(传真)
排 版	杭州彩地电脑图文有限公司
印 刷	杭州宏雅印刷有限公司
开 本	710mm×1000mm 1/16
印 张	13.25
字 数	178千
版 印 次	2018年12月第1版 2018年12月第1次印刷
书 号	ISBN 978-7-5178-3056-6
定 价	42.00元

序

女儿上了小学后，学校按教育局的要求，每学期都会发一本国学课外书，书里都是从古代典籍上摘录的一些名句。老师要求学生背诵，让家长教孩子书上的内容，并且要写心得。家长被逼得"各显神通"，到网上四处搜索那些他们自己也没有学过的古文，将找到的似是而非的答案教给孩子，最后的结果可想而知。

女儿上二年级的时候，我开始重新阅读《论语》，看的是杨伯峻先生的《论语译注》。年轻时觉得索然无味的句子，现在读来却觉得字字珠玑，让我醍醐灌顶，多年的困惑一扫而空。这时我突然想到，女儿正在背的国学名句，里面就有不少摘自《论语》，但是她只会背诵，却不知道其中的含义，我为什么不将《论语》教给她呢？

当即去寻找适合女儿看的《论语》版本，哪知实体书店、网络书店都找遍了，却没有发现一个适合孩子学习的版本。要么是类似杨伯峻先生《论语译注》这样，适合有一定文学、历史基础的人阅读的版本；要么是一些印刷简陋、内容有误的书籍。偌大的图书市场，竟然找不到一本想要的书，着实让人郁闷。

2017年7月，女儿开始放暑假，我打算用一个月的时间，从《论语》中挑选出一些适合她阅读的章句，再用一个月时间教给她，当时想得很简单，但当我开始教女儿的时候，才发现完全不是那么回事。

第一，女儿只有小学二年级的水平，根本无法流畅地阅读文言文；第二，她理解不了《论语》中那些精练的哲学语句；第三，她对当时的历史背景一无所知，对孔子的生平事迹，孔门弟子的生平事迹等都不了解。在这种情况下，我的家庭教学完全没有效果，她除了记得两句"学而时习之"之类的短句之外，其他的什么也没有记住。

经过一番深思熟虑之后，我决定编写一本适合小学生看的《论语》精选。和其他版本的《论语》不同，我首先介绍的是孔子的生平故事，这部分内容主要参考的是《史记·孔子世家》《左传》《孔子家语》，再以其他的资料作为补充。对于孩子们来说，一上来就"子曰""子曰"的，他们是没有兴趣去学习的，最好是先给他们讲孔子的故事，介绍孔子的经历，让他们觉得孔子并不是一个冷冰冰的画像，而是一个和我们一样活生生的人，对孔子产生亲切感，这样他们才会有学习的兴趣。

《论语》中除了记载孔子的言行，还记载了不少他弟子的言行，所以上篇第二章我介绍了孔子主要弟子的生平故事。这部分内容主要参考的是《史记·仲尼弟子列传》《左传》《孔子家语》，再以其他的资料做补充。孩子们了解了孔子这些杰出弟子的不凡经历后，就能初步体会到，作为老师的孔子为什么会被称为"万世师表"了。

中篇第一章提纲挈领地介绍了孔子的思想，第二章则简单介绍了《论语》的来历。在具体学习前，孩子们有必要了解《论语》讲了些什么，《论语》这本书是怎么来的，这是非常重要的。

正文部分我并没有采用《论语》原书的编排方式。众所周知，《论语》并非出自一人之手，书中的内容大多是一条一条片段式的语录，上下文之间没有什么联系，非常凌乱，对于孩子们来说不好阅读，也不好理解。因此我挑选出了一百多条，按内容重新整理成了《学习篇》《尊孝篇》《仁德篇》《君子篇》《修身篇》《知人篇》《行事篇》七篇。

挑选时，我将《论语》中评议当时政治的内容首先排除了，这些对学者做研究很有用，对孩子们却完全没用。其次与现在道德观念格格不入的也排除了，比如《论语》中有不少和"孝"有关的内容，但是思想已经太过陈旧，像孔子就明确反对子女举报父亲，他认为父亲即使犯法了，子女也要隐瞒，这当然不符合现代的法制观念，所以这些内容是不能教给孩子的。

《论语》的原文和译文主要参考杨伯峻先生的《论语译注》，有个别译文不是很通畅的，参考了其他的《论语》译本。《论语》原文中的通假字我在本书中进行了替换，比如原文"学而时习之，不亦说乎"，我将通假字替换后改为"学而时习之，不亦悦乎"。孩子们常用字都没学全，更弄不懂什么是通假字，学《论语》是要明白其中的道理，不必像学者那样一个字一个字地考证，没有必要增加孩子们阅读的难度。

　　书完成后，交给妻子和女儿阅读。如我所料，女儿对孔子和孔子弟子的故事很感兴趣；在读到她背过的句子时，她会很兴奋；在"写给孩子的话"中读到出现在她身上的毛病时，她会不好意思地捂着脸呵呵傻笑。

　　妻子说我们耳熟能详的很多成语、常用语也是从《论语》里来的，感叹孔子对中国人的影响如此深远，她觉得这本书不光可以给孩子看，也可以给没读过《论语》的家长看。我想了想，觉得她说的话很有道理，就起了一个副标题"和孩子一起学《论语》"。很多家长自己没有读过《论语》，却逼着孩子去读，孩子看着爸爸妈妈不学，自己却要去读那些拗口的古文，怎么可能会有学习的兴趣呢？其实作为父母的我们应该陪着孩子一起阅读，给孩子树立榜样，陪伴教育对孩子的影响是非常大的。

　　为了写这本书我查阅了不少资料，这让我更深入地了解了孔子，也深深为他"知其不可而为之"的精神所折服，孔子的思想已经深入每一个华夏子孙的基因里。现在连外国人都开始学中文，学礼，学仁，我们重新学习《论语》正当其时！

　　本书适合小学三年级以上的孩子阅读，没有阅读过《论语》的家长也可以陪伴孩子一起阅读。希望读者通过这本书能了解到孔子的伟大，孔门弟子的奋斗精神，以及《论语》中蕴含的智慧。

2017年12月6日

目　录

【上篇】

孔子故事

第一章 孔子的生平

孔子的出身

孔子，姓子，氏孔，名丘，字仲尼，古代对有学问、有道德的人会在他们的姓氏后加"子"表示尊敬。孔子出生于鲁襄公二十二年，即公元前551年，出生地是现在的山东省曲阜市东南，死于鲁哀公十六年，即公元前479年，终年73岁。

孔子图

孔子是春秋时期的鲁国人，他的祖先是宋国人，他本是商朝贵族的后代。周武王灭了商朝后，封商朝王族微子启于宋国。几百年后，孔子的六世祖孔父嘉被当时的宋国权臣华父督杀害，孔父嘉的后代便逃到了鲁国。

孔子的曾祖父叫孔防叔，祖父孔伯夏，父亲孔纥（hé），字梁，排行第三，春秋时按伯、仲、叔、季称呼长幼，因此又被人称作叔梁纥。叔梁纥原本有妻妾，正妻施氏没有儿子，妾生了儿子孟皮，但是孟皮腿脚有病，于是叔梁纥在自己六十多岁的时候又娶了孔子的母亲颜征在。

孔子生下来头顶中间凹陷，所以取名叫丘。他长大后身高九尺六寸，相当于现在的一米九左右，其他人对孔子高大的身体感到很奇异，都称他为"长人"。

孔子圣绩图

求学授业

父亲叔梁纥在孔子三岁前就死了，母亲颜征在当时只有二十多岁，被叔梁纥正妻施氏赶出了家门，寡母在穷困中把孔子艰难地抚养

孔子圣绩图之为儿戏图

长大，但是由于常年操劳，母亲在孔子十六岁时也去世了。

孔子家境贫寒，从小就去各个地方打杂，接触到了许多贫贱的劳动人民，也学到了许多的知识。不管多卑贱的工作，孔子都努力把事情做好。他曾经做过鲁国贵族季氏手下的官吏，管理统计准确无误；还曾做过牧养牲畜的小吏，使牲畜繁殖数量增多。

孔子圣绩图之为委吏图

孔子圣绩图之为乘田吏图

孔子十七岁时，鲁国的大夫孟僖（xī）子病重将死，临死时他告诉儿子孟懿子："孔丘是圣人的后代，年纪轻轻就喜好礼仪，以后将会是通达显赫的人。如果我死了，你一定要以他为师。"孟僖子去世后，孟懿子就和弟弟南宫敬叔前往孔子那里学习礼仪。又过了几年，到孔子二十多岁时，孔子就开办了私人学校，开始教授学生了。

周朝初年有几百个诸侯国，经过几百年的战争，到孔子那时，还剩下几十个大大小小的国家。当时，楚国、晋国、齐国都是实力强大的国家，而孔子所在的鲁国是个实力弱小的中等国家，与鲁国紧挨着的就是齐国。

孔子三十岁时，齐国的国君齐景公在上大夫晏婴的陪同下来到了鲁国。因为孔子很有学问，已经有所成就，齐景公便向孔子请教国政，孔子的回答令他十分满意。

孔子三十五岁那年，鲁国发生了内乱，孔子逃到了齐国，当了齐国大夫高昭子的家臣，打算以此来与齐景公交往。齐景公经常向孔子请教如何为政，他非常欣赏孔子的才识，打算将尼溪的封地赐给孔子。晏婴向齐景公进谏说，孔子的礼仪之学太过烦琐，不适合用来引导国民。齐景公便打消了这个念头，此后齐景公虽然还是恭敬地接见孔子，但不再问他有关礼仪的事了。

春秋初期地图

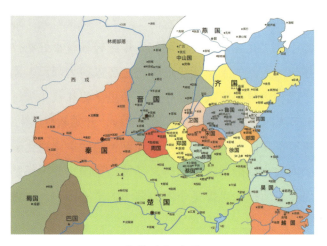

春秋后期地图

第二年，有些齐国大夫企图谋害孔子，孔子听说此事后向齐景公求救，齐景公却说："我老了，不能用你了。"孔子知道无法再在齐国待下去，便返回了鲁国。

孔子返回鲁国后的几年里，鲁国的大臣们内斗更厉害了，国家一团混乱。孔子便待在家里不去做官，专心整理古代的《诗》《书》

孔子圣绩图之晏婴阻封图

《礼》《乐》等典籍，这些典籍一直流传到现在，《诗》就是《诗经》，《书》就是《尚书》，《礼》就是《仪礼》，可惜被后人称为《乐》的《乐经》在后来的战乱中失传了。

在整理古代典籍的同时，孔子也扩大了自己的私人学校。因为他声名远播，许多年轻人纷纷从远方来求学，接受孔子教授的学业，很多被孔子欣赏的学生就是这个时期来求学的。

鲁国从政

公元前502年，鲁国的大臣阳虎、公山不狃（niǔ）发动了叛乱。公山不狃占据了费邑，召请孔子去做官。孔子一直想从政，使自己的理想付诸实际，但一直没有机会，因此他对公山不狃的召请动了心，打算前往。孔子的学生子路非常不高兴，和孔子争辩了一番，竭力阻止他前往，孔子最终没有去。

叛乱平息后，鲁国的内政开始好转，国君鲁定公任命孔子为中都宰，就是中都这个地方的行政长官。孔子治理了一段时间后，中都一片欣欣向荣，其他国家的官员都来向他学习。

鲁定公听说了之后，召见孔子，问他："学习您的施政方法来治理鲁国，您看怎么样？"孔子回答说："即使是天下也足以治理好，岂止是治理好鲁国呢！"

这样继续了两年，鲁定公见孔子确实有本事，便升了他的官，任命他为司空，就是管理水利、工程和手工业的官员。孔子根据土地的性质，把它们分为山林、川泽、丘陵、高地、沼泽五类，将各种作物都种植在适宜的环境里，使它们都得到了很好的生长。

不久之后，鲁定公又升孔子做了大司寇，就是管理全国司法和刑狱的官员，相当于现在的最高法院院长。

孔子注重以道德教化百姓，而不是以刑罚镇压百姓。有一次，一个儿子因为不孝顺父亲，被父亲告到了孔子那里，孔子没有审判，而是把他们关押在了同一个牢房里，过了三个月也不判决，后来父亲请求撤回诉讼，孔子就把他们都放了。

季孙氏听到这件事后很不高兴，他说："司寇欺骗我，从前他曾对我说过：'治理国家一定要以提倡孝道为先。'现在我要杀掉一个不孝的人来教导百姓遵守孝道，为什么不可以呢？司寇放了他，这是为什么呢？"

孔子的学生冉有把季孙氏的话告诉了孔子，孔子叹息说，军队打了败仗，不能用杀士兵来解决问题，犯罪不断发生，不能只用刑罚来制止，统治者的教化没有起到作用，罪责不在百姓。统治者要先对百姓进行道德教育，让他们明白敬服，如果还不行，就请贤良的人为榜样引导鼓励百姓，如果还不行，才可以使用刑罚震慑百姓。而现在国家不对百姓施行教育，却制定了繁多的严刑峻法，官吏用刑罚约束控制百姓，所以刑罚越多犯罪越多。现在的社会风气已经败坏很久了，即使有严苛的刑法，百姓能不违反吗？

孔子担任大司寇期间，虽然制定了法律，但由于他注重教化百姓，国家秩序良好，没有什么犯法的人，所以刑罚也没派上用场。

孔子五十二岁时，鲁国与齐国和好，当年夏天两国约定在齐国的

孔子圣绩图之齐鲁会夹谷图

夹谷会面，鲁定公任命孔子为盟会司仪。在盟会上，齐景公受他臣下的挑唆，故意让随行的艺人表演一些羞辱鲁国的节目，孔子义正词严地指出了齐景公的不是，下令腰斩了表演的艺人。齐景公非常羞愧，回去后斥责了那些大臣，为了表达自己的歉意，齐景公归还了一些以前侵占的鲁国土地。

当时鲁国的大权被季孙氏、孟孙氏和叔孙氏三家把持，国君的权力很有限。这三家为了保护自己的利益，在各自的封地分别建了高大的都城，囤积了很多的粮食、武器和士兵。孔子向国君鲁定公建议拆毁三家的都城，削减他们的势力，鲁定公同意了，任命孔子去执行。孔子的学生子路是三家中势力最大的季孙氏的管家，孔子让他去说服三家拆毁都城。

孔子先拆毁了叔孙氏的都城郈邑，接下来在拆毁季孙氏的都城费邑的时候，公山不狃、叔孙辄率领费邑的士兵谋反，攻打国都。孔子临危不惧，指挥都城的将士打败了叛军，公山不狃、叔孙辄逃奔到齐国，费邑都城也得以顺利拆毁。最后要拆毁孟孙氏都城成邑的时候，孟孙氏反悔了，鲁定公领兵包围成邑，结果却没有攻下来。

这一事件被后世称为"堕（huī）三都"，孔子主导的这一行动使鲁国国君的权力得到了加强，贵族的势力被削减，孔子的声望也更高了。

之后，孔子作为大司寇代理国相事务，相当于现在的国家总理。孔子觉得自己终于可以大展身手

孔子圣绩图之堕三都图

了，便经常表现出高兴的神色。他的学生子路问他："我听说君子祸患来临不恐惧，幸运降临也不表现出欢喜。现在老师得到高位而流露出欢喜的神色，这是为什么呢？"孔子说："对，确实是有这样的说法，但不是还有'显贵了而仍以谦恭待人为乐事'的说法吗？"

孔子圣绩图之齐人归女乐图

孔子圣绩图之去鲁图

孔子执掌朝政七天，就诛杀了扰乱政事的大夫少正卯，树立了威信。治理国政三个月后，卖肉的不敢随意抬价，遗留在路上的东西没人捡拾，从四方来的客人不必向官吏请求，全都客客气气地受到了接待，如同回到了自己家。

齐国的大臣们得知了鲁国的情况后非常恐惧，他们害怕鲁国在孔子的治理下称霸并攻打齐国，于是从齐国挑选了八十位美女和一百二十匹有花纹的宝马送给鲁定公。孔子在治理鲁国的时候，得罪了掌握大权的季孙氏、孟孙氏、叔孙氏三个家族，他们为了让鲁定公疏远孔子，就怂恿鲁定公收下了齐国的礼物。

鲁定公得到了美女和宝马后，从此沉迷于玩乐，不再上朝听政。孔子知道鲁定公不会再重用他了，就和弟子一起离开了鲁国，开始周游列国，寻找能够重用他，让他实现理想的国家。

周游列国

孔子的理想是让整个社会恢复到周朝刚建立时的状态，复兴周公姬旦创建的礼乐制度，从此天下太平，不再有战争，人民可以安居乐业。但是在孔子的时代，周王的实力已经很微弱了，无法恢复权力和威信，几十个大大小小的诸侯国为了抢土地年年征战，这是当时的人都知道的。孔子也知道自己的理想恐怕是实现不了了，可他仍要"知其不可而为之"，也就是明知做不到却还要去做。孔子认为，天下的人只知道追逐利益，不再信奉道德，如果像他这样的知识分子也随波逐流，不去承担应尽的社会责任，那么天下将不会有光明的未来，虽然自己的能力很微小，可能改变不了整个社会，但是如果不去做，那就连最微小的希望也没有了，因此孔子终其一生都怀着强烈的使命感。

孔子离开鲁国后先去了卫国，子路妻子的哥哥颜浊邹就在卫国，孔子一行人就寄居在颜浊邹家里。卫国的国君卫灵公听说孔子来了，便接见了他，并按照孔子在鲁国的俸禄赠送给他同样多的粮食。过了不久，有人向卫灵公说孔子的坏话，卫灵公就派了大夫公孙余假监视孔子。孔子害怕得罪卫灵公，只住了十个月，便离开了卫国国都。

离开卫国国都后，孔子经过卫国一个叫匡邑的地

孔子圣绩图之围匡图

方。因为孔子的样子长得像鲁国发动叛乱的大臣阳虎，而阳虎曾经残害过匡邑的人，匡邑人就把孔子一行人拘留了起来。弟子们对此感到十分恐惧，孔子说："周文王死后，周朝的文化不就在我这里吗？如果上天打算毁灭周朝文化，我这个后来人便不应该掌握周朝的文化。上天不想毁灭周朝的文化，匡人又能把我怎么样呢！"随后孔子派随从的弟子到卫国国都，给一位很有权力的大夫做家臣，然后这位大夫便派人来解救了孔子他们。

孔子离开匡邑一个多月后，返回了卫国国都，寄居在大夫蘧（qú）伯玉家。蘧伯玉是一位很有学问且品德高尚的长者，孔子对他非常推崇，称赞他是真正的君子。蘧伯玉和孔子是一生的挚友，孔子在周游列国的十几年中，有两次住在蘧伯玉家。二人无话不谈，充分交流思想，蘧伯玉的政治主张、言行、情操对儒家学说的形成产生了重大影响。

卫灵公有位夫人名叫南子，长得美丽动人，很受卫灵公宠爱，但是名声非常不好。南子常听人说起孔子，便想找个机会见他，于是南子让卫灵公去跟孔子说："四方来的君子想与寡人结为兄弟的，必定会见我的夫人，我的夫人希望见到你。"这个要求在当时是不合礼的，因此孔子推辞谢绝，然而卫灵公不断要求，孔子不得已只得去拜见了南子。

孔子圣绩图之子见南子图

孔子的学生子路是个性情耿直的人，他对孔子去见南子这事很不满。孔子说："我原来不想见她，既然见了便以礼相待。"孔子又起誓说：

"我如果不是所说的那样，就让上天厌弃我！就让上天厌弃我！"子路这才不生气了。

孔子在卫国国都住了一个月后，有一天，卫灵公和南子同乘一辆车出宫游览，让孔子乘第二辆车，车队浩浩荡荡地招摇过市。孔子见卫灵公只贪图享乐不讲究道德，于是厌恶卫灵公，离开了卫国。

孔子圣绩图之同车次乘图

孔子经过曹国前往宋国，宋国的司马名叫桓魋（tuí），司马是掌管全国军队的官员，相当于现在的国防部长。桓魋为人贪婪残暴，仗着国君宋景公对他的宠信，把持宋国的朝政，把宋国弄得民不聊生，他害怕孔子得到宋景公的重用，威胁到自己的地位，便想要杀死孔子。

有一天，孔子和弟子们在路边的大树下演习礼仪。桓魋得到消息后马上派兵过来，因为孔子名声很大，桓魋怕杀了孔子后受到天下人的谴责，就命令士兵拔起了那棵大树，逼迫孔子他们离开宋国。弟子们催促孔子快走，孔子发牢骚说："上天把德行降在我身上，桓魋能

孔子圣绩图之习礼树下图

把我怎么样呢？"话虽然这么说，但是孔子他们终究还是被赶出了宋国。

孔子一行人从宋国到了郑国，在路上孔子和弟子们走散了，孔子独自站在郑国国都外城的东门等候。孔子的学生子贡沿途寻找走失的老师，有个郑国人告诉他，东门有个长得像圣人，瘦弱疲惫却似丧家之犬的人。子贡到东门找到了孔子，把这番话告诉了他，孔子笑着说："长相那倒未必，但说我像丧家之犬，说得对啊！说得对啊！"

孔子圣绩图之累累说圣图

孔子一行人从郑国到了陈国，寄居在担任司城的公孙贞子家。正逢晋国、楚国争霸，两国轮番攻打陈国，逼迫陈国成为自己的附属国，而东边的吴国也不时侵略陈国，抢夺土地。孔子在陈国居住了三年，见陈国自顾不暇，没有重用自己的意思，就和弟子们离开了陈国。

孔子一行人路过卫国的蒲邑时，那里正发生战乱，蒲邑人扣留了孔子。孔子有个弟子叫公良孺，他不但有贤能，而且体形高大，有勇有谋，带着五辆私人马车一路跟随孔子。公良孺对孔子说："我之前跟着老师在匡邑遭遇危难，如今又在这里遭遇危难，这是命啊。我与老师一起再次蒙难，我宁可争斗而死。"公良孺率领自己的随从和蒲邑人展开激烈的搏斗，蒲邑人害怕了，对孔子说："如果你不去卫国都城，我们就放了你。"孔子迫于无奈，和他们立了盟誓，蒲邑人便将孔子从东门放走了。孔子离开蒲邑后，就让大家往卫国都城走，他的学生子贡问："盟誓可以背弃的吗？"孔子说："这是被要挟时订立的盟誓，上天是不会理睬的。"

孔子和弟子们再次来到了卫国都城后，卫灵公非常高兴，亲自到郊外迎接。可是卫灵公年老了，懒于理政，还是没有任用孔子。孔子叹气说："如果有人起用我的话，只需一年的时间就会有效果，三年的话就会大见成效。"之后，孔子便和弟子们上路离去了。

晋国的佛肸（xī）发动叛乱，他派人来请孔子，孔子打算前往。子路跟孔子说："我曾听老师说过这样的话：'那个人在做不好的事，君子是不会去加入的。'如今佛肸反叛，您却打算前往，怎么解释呢？"孔子说："我是说过这句话，但是真正的坚硬之物再磨也不会变薄，真正的洁白再染也不会变黑。我哪能是匏（páo）瓜，可以挂在那里而不食用呢？"匏瓜是葫芦的变种，古时有甜、苦两种，苦的不能吃。孔子的意思是自己的本心不会改变，可是如果他不能从政，就没有办法推行他的主张，实现他的理想，那就像匏瓜一样没什么用处只能当摆设。但是因为弟子们的反对，孔子还是没有去成佛肸那里。

孔子在卫国得不到任用，打算西行去见晋国执掌大权的赵简子。当他到黄河边，听说赵简子在没有掌权时，等待窦鸣犊、舜华两个贤能的大夫从

孔子圣绩图之临河而返图

政，在掌权后却杀死了他们的事，孔子便做了琴曲《陬（zōu）操》来哀悼被害的二人。孔子了解到赵简子的人品后，怕自己去了凶多吉少，便又返回了卫国，还是寄居在蘧伯玉家。因为得不到卫灵公的任用，住了一段时间后，孔子他们又前往了陈国。

返回鲁国

在孔子六十岁那年的秋天，鲁国的国相季桓子病重，他坐在车上望见都城的城墙，叹息道：“昔日这个国家将要振兴，因为我得罪了孔子，所以不兴旺了。”他回头对儿子季康子说，“我如果死了，你必定为鲁国之相，你担任国相的话，必须召请仲尼。”几天后，季桓子去世，季康子继任为鲁国之相。季康子安葬了父亲后，打算召请孔子。大夫公之鱼对他说：“往日我们的先君任用孔子有始无终，结果被诸侯所嗤笑。如果这次起用他不能有始有终，就会再次被诸侯所嗤笑。”季康子并没有打算一直任用孔子，他问公之鱼：“那召请谁可以呢？”公之鱼说：“一定要召请冉求。”冉求字子有，又被称为冉有，在孔子弟子中擅长处理政事。于是季康子听从了公之鱼的建议，派出使者前去召请孔子的弟子冉求。

冉求接到了季康子的书信后，孔子对他说：“鲁国来召请你，不是小用你，而是要大用你啊。”子贡知道孔子想回去，他去送冉求起程时，告诫冉求说：“倘若鲁国任用了你，就一定要想办法请老师回去。”

冉求离开陈国后的第二年，孔子从陈国迁居到了蔡国。当年蔡国发生了内乱，楚国又来攻打蔡国，第二年，孔子便从蔡国去了楚国的叶县（今河南省叶县南）。叶县是楚国大夫叶公的封地，叶公氏沈，名诸梁，字子高，因为封地在叶城，所以叫叶公。

叶公向孔子询问为政之道，孔子向他做了解答。有一天，叶公问子路，孔子是个什么样的人，子路不知道怎样回答。孔子听说此事后对子路说：“你为什么不这样说，他这个人，发愤学习而忘记了吃饭，安贫乐道而忘记了忧愁，连自己快要老了都不知道，如此而已。"

孔子在叶县住了一段时间后，又返回了蔡国。孔子迁居到蔡国的第三年，吴国军队攻打陈国，楚国出兵救援陈国，驻扎在城父（楚国地名，今河南省宝丰县东）。楚昭王听说孔子在陈国、蔡国之间，便派人聘请他。孔子准备前去拜见回礼，陈国、蔡国的大夫害怕孔子会被楚昭王重用，对他们不利，于是就调人将孔子一行人围困在野外。

孔子他们没法行路，又被断绝了粮食，随从的弟子们疲惫不堪，饿得站都站不起来，但孔子仍不间断地讲习诵读，演奏音乐。子路带着怨气来见孔子说："君子也会有穷困吗？"孔子说："君子能固守穷困而不动摇，小人穷困就胡作非为了。"

孔子圣绩图之楚王使聘图

孔子圣绩图之在陈绝粮图

孔子知道弟子们有怨恨之心，就分别召见了子路、子贡和颜回，和他们谈心，安抚他们，之后三人又去安抚了其他弟子。后来，孔子让子贡逃出去拜见楚昭王，楚昭王得知孔子的遭遇后，马上出兵解救了孔子。

楚昭王和孔子交谈后，对他非常钦佩，想封给他方圆七百里的土地，楚国令尹（相当于现在的国家总理）子西说："大王出使诸侯的使者有像子贡这样的吗？"楚昭王说："没有。"子西说："大王的辅佐大臣有像颜回这样的吗？"楚昭王说："没有。"子西说："大王的将军有像子路这样的吗？"楚昭王说："没有。"子西说："大王的各部长官有像宰予这样的吗？"楚昭王说："没有。"子西说："我们楚国的祖先在周受封时，封地只有方圆五十里，周武王一个只有方圆百里之地的君主最终统一了天下。如果孔丘拥有了封地，他有贤能的弟子辅佐，这不是楚国之福啊。"楚昭王觉得子西的话有道理，于是没有封给孔子土地。当年秋天，楚昭王在城父去世，孔子就离开楚国去了卫国。这一年，孔子已经六十三岁了。

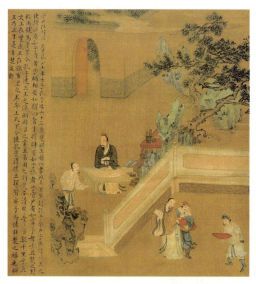

孔子圣绩图之子西阻封图

又过了五年，也就是公元前484年，在季康子手下做家臣的冉有率领鲁国军队，在郎邑（鲁国之地，今山东省鱼台县东北）同侵略鲁国的齐军交战。冉有身先士卒，指挥步兵执长矛突击齐军，取得胜利。

战争结束后，季康子问冉有："你在军事方面的本领，是学习得来的呢，还是天生就有的呢？"冉有说："是学习得来的。"季康子好奇地问："你跟着孔子学礼乐，怎么能学会打仗呢？"冉有说："就是从孔子那里学的。孔子是位大圣人，他的知识无所不包，文武都精通，我也才从他那里学了一点战法，学得还不够详细透彻。"季康子听了非常高兴，冉有趁这个机会向季康子进谏说："国家有圣人却不能用，这样想治理好国家，就像倒着走而又想赶上前面的人一样，是不可能的。现在孔子在卫国，卫国将要任用他，我们自己有人才却去帮助邻国，难以说是明智之举，请您用厚礼把他请回来吧。"季康子问该如何召请孔子，冉有说："您打算召请他的话，就不要用小人来牵制他，那便可以了。"

于是季康子把冉有的建议禀告了当时的国君鲁哀公，鲁哀公听从了这一建议，派人带着厚礼迎接孔子回到鲁国。

晚年的孔子

从孔子受排挤离开鲁国，到季康子迎他返回，经过了十几年的岁月，这个时候孔子已经是六十八岁的老人了。然而孔子回来后，最终还是没有受到任用，此时的孔子年事已高，也不再谋求官职了。

孔子回到鲁国后，除了继续教授弟子外，其他的时间都在专心整理文献。孔子晚年喜好研究《周易》，反复阅读，还编撰了解说《周易》的《易传》。孔子待在卫国的日子里，曾跟一个名叫师襄子的乐师学习弹琴。传说有一次孔子学习了一首新的曲子，练习了十多天后，自我感觉仍然进步不大，而师襄子却认为孔子已经弹得很好了，就说："我们可以增加新的学习内容了。"孔子说："我已经熟习了曲子，但还没有掌握演奏的技巧。"孔子又练习了一段时间后，师襄子跟他说："你已经熟习演奏的技巧，可以继续往下学了。"孔子又拒绝说："我还没有领会乐曲中的意境呢。"孔子再练习了一段时间后，师襄子跟他说："你已经领会乐曲中的意境，可以继续往下学了。"孔子又拒绝说："我还不知道乐曲的作者啊。"孔子又练习了一段时间后，弹起曲来得心应手、心旷神怡，他跟师襄子说："我知道乐曲的作者了，他皮肤深黑，体形修长，眼睛望着远方，如同统治着四方的诸侯，不是周文王还有谁能创作这首曲子呢？"师襄子大吃一惊，慌忙离席，向孔子连行两次拜礼，说："我的老师说这首曲子就叫《文王操》啊！"孔子就是通过这样的学习，精通了琴艺，掌握了乐理，完成了《乐经》。

孔子圣绩图之学琴师襄图

孔子感到自己时日无多，同身边的人说："君子担心活了一辈子而名声不被人们称道，我的主张不能实行了，我留什么给后人呢？"于是他利用鲁国史官的记载编撰了《春秋》，以鲁国为中心，记载了二百四十二年间东周各个国家发生的历史事件。弟子们听孔子讲授《春秋》时，孔子说："后代了解我的凭这部《春秋》，后代怪罪我的也凭这部《春秋》。"

孔子编纂修订了《诗》《书》《礼》《乐》《易》《春秋》六经，并用六经教授弟子。传说孔子的弟子大约有三千人，其中精通六艺的有七十二人，被后人誉为"孔门七十二贤"。

公元前480年，追随孔子最长时间的子路在卫国的内乱中遇害，被剁成了肉泥。孔子听到这个噩耗后悲痛欲绝，本来就年迈的他因此患上了重病。子贡听说孔子病重，急忙跑来看望，孔子挂着拐杖在门口对子贡说："赐（子贡的名），你来得为什么这样迟啊？"孔子知道自己的生命将要走到尽头了，叹息着唱道："泰山坏乎！梁柱摧乎！哲人萎乎！"（泰山在崩塌啊！栋梁在折断啊！哲人在死亡啊！）接着眼泪止不住地落下。

七天后，孔子去世了，一颗伟大的心脏永远停止了跳动……

孔子被安葬在鲁国都城北面的泗水边，弟子们都在孔子的墓旁搭起了房子，为

孔子圣绩图之删述六经图

孔子圣绩图之梦奠两楹图

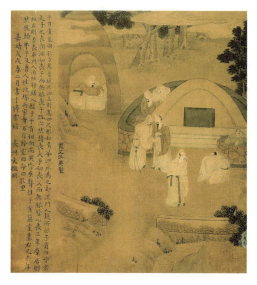

孔子圣绩图之子贡庐墓图

敬爱的老师服心丧三年。心丧就是不穿丧服，在心中哀悼，这是古代弟子为老师去世服丧的形式。过了三年，心丧期满，弟子们痛哭了一场再次尽情致哀，之后才依依不舍地分别，但有的弟子仍不愿走，又留下来待了一段时间才陆续离开。子贡独自又服了三年心丧，前后总共六年，最后一个离开。

孔子死后，他的思想通过弟子们传播到中国的各个地方。西汉之后，上到皇帝王侯，下到平民百姓，都对孔子的学说推崇备至，历朝历代的皇帝还不断给孔子追加谥号，世人更是尊奉孔子为"万世师表"。直到今天，孔子的思想依然深深地影响着我们每个人。

第二章 孔子的弟子

在介绍孔子的弟子前，我们先来了解古人的称呼。

秦朝之前，有身份的人，都有姓、氏、名、字。姓为代表有共同血缘关系族群的称号；氏为由姓派生出来分支的称号；名是出生时父母取的称呼；字是在成年以后自己取的别名，通常跟名有相对应的关系。

在古代，一个部族里的人聚居在一起，他们都用一个姓，这样和其他部族的人打交道时，通过姓就可以知道对方来自哪里。在周朝之前，中国的姓是很少的，据说只有几十个。

随着技术的进步，交通变得方便了，各个部族里的人陆陆续续定居到了其他地方，这个时候姓就不能代表他们来自何处，于是人们又从姓分出了氏，用氏来代表这个分出来聚居的小族群，而姓便用来代表是否有共同的祖先。汉朝以后，姓氏就合二为一了。

以孔子为例，孔子的祖先是宋国的贵族，而宋国是周王封给投降的商朝王族的国家，商朝王族是子姓，所以孔子的姓其实是子。孔子的六世祖从宋国王族里分出来，称为孔氏。孔子出生时，父母给他取名丘，长大后他给自己取的字为仲尼。因此孔子的姓、氏、名、字分别是：子姓，孔氏，名丘，字仲尼。

古人交谈时是很注意彼此间称呼的。自己称呼自己时，为表示谦虚，呼自己的名。与平辈交谈时，为表示尊敬，称呼对方的字。长辈与晚辈谈话，一般直呼其名，但晚辈既不能呼长辈的名，也不能呼长辈的字，而是用尊称。《论语》中，孔子与弟子谈话时，都是叫他们的名，而弟子都是尊称孔子为"子"，称呼自己时喊自己的名，同学间交谈时互称对方的字。在阅读《论语》时，要注意里面的称呼。

孔门贤哲

传说孔子的弟子大约有三千人，其中精通六艺的有七十二人，被后人誉为"孔门七十二贤"。在《论语》中，被孔子亲口称赞的有十人。其中德行突出的是颜回、闵子骞、冉伯牛、仲弓；擅长政事的是冉有、子路；口才突出的是宰予、子贡；精通文献典籍的是子游、子夏。这十个人被后世称为"孔门十哲"。

孝经图卷（局部）

子路

子路，不知姓什么，氏仲，名由，字子路，鲁国卞邑人，卞邑在今山东省泗水县东。子路是最早跟随孔子的弟子之一，比孔子小九岁，生于公元前542年，死于公元前480年。

子路生性质朴，喜好勇猛武力，性格刚强直率。他年轻时穿着军装去见孔子，拔出剑挥舞着吓唬孔子，问道："古代的君子是用剑自

卫吗?"孔子毫无惧色,说道:"古代的
君子,以忠为本质,以仁为护卫,不出屋
子就能知道千里之外的事,有不善的事就
用忠来化解,有欺凌和凶暴的事就用仁来
限制,哪里用得着剑呢?"子路意识到了
自己的无礼,向孔子行礼,说道:"我今
天听到您的这番话,请让我到您的堂上接
受您的教导吧。"子路便拜孔子为师,那
时孔子还不到三十岁。

子路

　　子路跟随了孔子后,便没有人再敢欺
侮孔子了,孔子夸赞子路说:"自从我
得到仲由后,恶言恶语就不再进入耳朵
了。"子路服侍孔子非常尽心,孔子生病
了,子路就向鬼神祈祷,保佑孔子尽快康复。

　　子路为人耿直,说话做事从不拐弯抹角。《论语》中记载,子路
听到了道理,马上就急着去做。在孔子的所有弟子中,只有他敢直接
指责孔子的不是。比如孔子去见卫灵公的夫人南子,因为南子的名声
非常不好,子路就气呼呼地指责孔子不该去,孔子一再向子路解释,
还向他起誓,最后才平息了子路的怒气。

　　孔子在鲁国的时候,公山不狃占据费邑反叛,来召孔子,孔子准
备前去。子路很不高兴,指责孔子说:"没有地方去就算了,为什么
一定要去公山不狃那里呢?"孔子辩解说自己去也是想把那里治理
好,为老百姓做好事,不过因为子路的反对,孔子最后还是没有去。

　　孔子和子路年纪相差不大,相处时间很久,彼此之间便没有那么
拘谨。

　　有一次,孔子和子路、颜回在一起聊天,孔子对颜回说:"用我
呢,我就去干;不用我,我就隐藏起来。只有我和你才能做到这样
吧!"一旁的子路不高兴了,问孔子说:"老师您如果统率三军,那

么您和谁在一起共事呢？"孔子知道子路是在炫耀自己的勇猛，便故意气子路说："赤手空拳和老虎搏斗，徒步涉水过河，死了都不会后悔的人，我是不会和他在一起共事的。我要找的，一定要是遇事小心谨慎，善于谋划而能完成任务的人。"

又有一次，子路跟孔子学习弹瑟，他就在孔子房间前不停地练习，估计是他弹得不好，孔子就嫌弃他说："仲由，你要弹瑟，为什么在我这里弹呢？"其他的弟子们见了，就纷纷讥笑子路，不再尊敬他这个师兄了。孔子知道后，赶忙在弟子面前改口说："仲由嘛，学问已经不错了，只是还不够精深罢了。"

还有一次，孔子夸奖子路说："穿着破旧的棉袍，与穿着狐皮大衣的人站在一起而不认为是可耻的，大概只有仲由吧。"子路听了非常高兴，反复在别人面前说孔子夸奖自己的话，孔子便有些不高兴了，批评子路说："只做到这样，怎么能说够好了呢！"

孔子有时也会拿子路来开玩笑。有一次孔子发牢骚说："我的主张行不通了，还不如做个木筏漂到海外去，能跟随我的只有仲由吧。"子路听到孔子说只有自己能跟随他，特别高兴，有些得意忘形，孔子就挖苦子路说："仲由除了勇猛胜过我，其他也没什么可取的了。"

子路并不是所有的意见都赞同孔子，他和孔子有时也会产生争执。子路推荐师弟高柴去做费邑的长官，孔子认为高柴的学业还不够好，就生气地对子路说："你这简直是害人子弟。"子路和孔子争辩说："那个地方有老百姓，有土地和种植的粮食，管理人民和土地也是一种学习，难道一定要读书才算学习吗？"孔子更生气了，骂子路说："我就讨厌你这种花言巧语狡辩的人。"

另一次，子路问孔子说："如果卫国国君要您去治理国家，您打算先从哪些事情做起呢？"孔子说："首先要纠正名分上的不当用词。"子路不以为然地说："有必要做这个吗？您太迂腐了，这又何必去纠正？"孔子不高兴了，指责子路说："仲由，你怎么这么粗鲁！"然后义正词严地向子路说明纠正名分的必要性。

从这些事情可以看出，子路和孔子的私人关系非常好，远远超过一般师生间的关系，更像是亲密无间的好朋友，平常说话都是想说什么就说什么，直言不讳。

子路也是一个对朋友慷慨大方、重情重义的人。有一次，孔子在和子路、颜回聊天时，让他们各自说出自己的志向，子路就说："愿意把我的车马、衣服同朋友共同使用，用坏了也不抱怨。"

孔子五十多岁时才开始在鲁国做官，子路也被他推荐到鲁国的掌权者季氏那里做主管，子路到任后，做得有声有色，取得了很好的政绩。孔子在得罪了鲁国的贵族后，被迫辞去了官职，当他决定去周游列国的时候，子路毫不犹豫地放弃了荣华富贵，选择追随孔子。这一去就是十几年，当子路跟随孔子再次回到鲁国的时候，子路已经是年近六十的老人了。

回到鲁国没多久，卫国的大夫孔悝（kuī）来请子路出任他的封地蒲邑的长官。子路接受后，向孔子辞行，孔子勉励他说："蒲邑有许多壮汉勇士，难于治理。但我告诉你几句话，谦虚恭敬，可以驾驭勇士；宽厚中正，可以安抚民众；恭敬正直而为政清简，就可以回报国君了。"

子路到了蒲邑后，兴修水利，体恤百姓，取得了很好的政绩。三年后，孔子路过蒲邑，见到子路治理下的蒲邑欣欣向荣，对他赞不绝口。

然而好景不长，孔悝勾结卫国国君的父亲蒯聩（kuǎi kuì）发动了叛乱。子路这时正在国外，他听说了消息后飞驰前往卫国，到卫国都城的大门前，子路遇到了一起在卫国做官的师弟高柴，高柴对子路说："国君已经逃出国了，城门也已关闭，你可以返回了，不要白白遭受那里的祸害。"子路说："我拿孔悝的俸禄，就不能躲避孔悝的祸。"高柴劝服不了子路，便一个人走了。

子路来到孔悝的住处，愤怒地斥责孔悝，随即准备焚烧孔悝和蒯聩所在的高台。蒯聩恐惧了，命令手下攻击子路。搏斗中子路系帽子的带子被打断了，子路说："君子就算死了帽子也不能脱掉。"于是停手结好帽带，蒯聩的手下趁这个机会杀死了子路，把他的尸体剁成了肉酱。

孔子在家里听说卫国内乱了，痛惜地说："唉！高柴应该会回来吧？仲由恐怕要死了！"不久果真接到子路的死讯，孔子悲痛欲绝，哭着说："天哪！老天这是要诅咒我死呀！"孔子得知了子路惨死的情形，从此不吃肉酱。几个月后，孔子也离开了人世。

孔子和子路一生相伴了四十多年，亦师亦友，既是师徒，又有兄弟般的深厚情谊。在《论语》中，记载孔子弟子言行最多的就是子路。

子贡

子贡

子贡，不知姓什么，氏端木，名赐，字子贡，卫国人，比孔子小三十一岁，生于公元前520年。

子贡家里经商，是孔子弟子中最富有的，他又非常聪明，能言善辩，孔子经常被他辩得无话可说。因为家境优越又天资聪颖，子贡便不大看得起别人，经常讥笑其他人。孔子针对子贡的这个缺点批评说："赐，你真的够好了吗？我就没有闲工夫去议论别人。"

子贡在孔子那里学习了之后，觉得自己的学识已经和孔子差不多了，想听听孔子对自己的评价，便问孔子："老师，您看我是个什么样的人？"孔子说："你好比器皿。"子贡问："那我是什么样的器皿呢？"孔子说："你就像瑚琏。"瑚琏是古时候宗庙祭祀时盛放粮食的容器，是相当尊贵的。孔子的话一方面是夸奖子贡的能力很突出，另一方面也是告诫他，因为孔子曾经说过："君子不像器具那样只有一定的用途。"君子是孔子认为最完美的人，孔子认为君子任何事都可以做得尽善尽美，没有做不来的，所以君子就不会像器具那样只有一定的用途。孔子说子贡像瑚琏，就是说子贡还不是君子，还要继续提高自己的学识和品德。

子贡离开孔子后，来往于各国经商，他头脑灵活，又能说会道，赚了很多钱。后来孔子去周游列国，子贡便不再经商而选择了跟随他，一路上还资助了孔子不少钱。

子贡还多次营救孔子于危难之中。孔子从宋国逃往郑国的时候和弟子们走散，是子贡沿路寻找，在郑国都城的东门找到了他。孔子一行人被困于陈国、蔡国之间，子贡又冒着生命危险逃出去见楚王，请来楚军救出了孔子他们。

子贡跟随孔子回到鲁国后，就在鲁国做了官。子贡聪明能干，又能说会道，很快就获得了鲁国君臣的称赞。

子路遇难后，孔子在精神上受到了巨大的打击，身体越来越虚弱，他强撑着身体期盼见到子贡。子贡得知孔子病重后，急忙赶去了孔子家，七天后，孔子在子贡的陪侍下去世了。

孔子去世后，有些不了解孔子的人见子贡很有本事，就称赞子贡，认为孔子名不副实，子贡对此都予以了驳斥。比如，有个叫陈子禽的人问子贡说："您太谦虚了，仲尼难道比您还强吗？"子贡驳斥他说："君子说一句话就可以表现为聪明，说一句话也可以表现为不聪明，所以说话不可以不慎重。我的老师是赶不上的，就像天不能搭个梯子就爬上去一样。我的老师如果当上了诸侯或卿大夫，老百姓就会接受他的教导，和他一起同心协力，让国泰民安变成现实。他活着时光荣，死后令人哀恸，我怎么赶得上呢？"

而在鲁国，贵族叔孙武叔则别有用心，故意抬高子贡，恶意诋毁孔子。他在朝廷中对其他大夫说："子贡比他的老师仲尼更有贤德。"大夫子服景伯把这话告诉子贡，子贡说："我拿围墙来做比喻。我的围墙只有肩膀高，大家可以站在墙外看见墙内漂亮的房屋。老师的围墙有几丈高，如果找不到门进去，就看不见里面美轮美奂的宗庙和富丽堂皇的房屋。能够找到老师围墙的大门进入，欣赏到他风采的人或许不多吧。叔孙武叔大人会那样说，不也是自然的嘛！"

然而叔孙武叔没有收敛，更变本加厉地四处散播诋毁孔子的谣言。子贡忍无可忍，便直接对叔孙武叔说："请您不要再这样做了！仲尼是诋毁不了的。别的贤人就像一座小山，还可以翻越过去；仲尼就像太阳和月亮，是不可能超越的。有人虽然想断绝太阳、月亮对自己的照耀，但那对太阳、月亮又有什么损伤呢？只不过表现他不自量力罢了。"

子贡喜好经商，家产积累达到千金，他后来还在鲁国和卫国出任过高官，最后在齐国去世。

冉有

子贡对孔子就像对自己的父亲一样敬重，孔子死后，只有子贡一个人服了六年心丧，而且他第一个提出尊奉孔子为圣人。在《论语》中，记载孔子弟子言行第二多的就是子贡。

冉有

冉有，不知姓什么，氏冉，名求，字子有，《论语》中称他为冉有，鲁国人，比孔子小二十九岁，生于公元前522年。

冉有个性谨慎，做事有些畏首畏尾，他有很强的行政能力，擅长处理政事，但是对于钻研学问却有些畏难。有次他跟孔子说："老师，我不是不喜欢您的道，而是我的能力有限，实在学不了。"孔子批评他说："你根本没有行动，怎么知道自己的能力不够呢？"

孔子在鲁国做大司寇的时候，让冉有兼职做他的管家，冉有不但把孔子的家管理得井井有条，还非常照顾同学。冉有的师弟公西赤出使齐国时，因为家里贫穷，没有粮食吃了，还有个年迈的母亲，冉有便请求孔子给公西赤的母亲一些粮食，孔子同意了，让冉有给她六斗四升米，大约是一个月的口粮，冉有觉得少了，请孔子再多给些，孔子同意再加二斗四升。冉有觉得公西赤是鲁国的外交大使，不能太寒酸，就没有听孔子的，自作主张给了八百斗米！孔子知道后，狠狠地批评冉有说："公西赤到齐国去，坐着豪华的马车，穿着又轻又暖和的皮袍，我听说，君子应该雪中送炭，不必锦上添花。"

冉有在做孔子管家的这段时间内，显露出了他卓越的办事能力，声名逐渐开始远播。当时鲁国的重要大臣孟武伯来拜访孔子，便直接向孔子询问子路、冉有和公西赤是否可以从政，孔子非常自信地推荐了三人。后来鲁国掌权的季康子也来拜访孔子，询问子路、子贡、冉有是否可以从政，孔子也是非常自信地推荐了三人。可见冉有当时已经非常有名气了。

公元前492年，季康子接任鲁国的国相，他召请冉有做自己的家臣，相当于现在的总理秘书。由于冉有能力出众，季康子后来又任命冉有为家宰，相当于现在的国务院秘书长。

公元前484年，齐国派大军进攻鲁国。鲁国掌权的季孙氏、孟孙氏、叔孙氏三族都不愿意派出自己属下的士兵保卫国家，冉有说服了季孙氏的当家人季康子后，季康子便让冉有跟自己上朝去说服孟孙氏和叔孙氏。在朝廷上，叔孙氏问冉有关于作战的意见，冉有回答说："君子有着深远的考虑，小人知道什么？"孟孙氏硬是问他，他回答说："小人计较了自己的能力才会说话，算计好了自己的力量才肯出力。"冉有这是在批评他们只考虑自己的小利，不顾国家的大义。叔孙氏惭愧地说："这是说我成不了大丈夫啊！"回去后，孟孙氏和叔孙氏就派出了自己的军队。

　　鲁国军队在郎邑（鲁国之地，今山东省鱼台县东北）同齐军交战。季康子让冉有率领左军，战斗中，冉有指挥步兵执长矛，出其不意地突击齐军，取得了胜利。战争结束后，季康子问冉有："你在军事方面的本领，是学习得来的呢，还是天生就有的呢？"冉有说："是向孔子学习的。"随后，冉有说服季康子将孔子请回了鲁国。

　　然而孔子回到鲁国后，却因为冉有的所作所为违背了他的教导，对冉有产生了不满。那时鲁国国君已经成了摆设，大权被季孙氏、孟孙氏、叔孙氏三族控制，其中又以季孙氏的势力最大，于是季孙氏就经常目中无人地使用只有国君才能用的礼仪。有一次，季康子去泰山祭祀，但是按照当时的礼法规定，只有周王和诸侯国的国君才能去泰山祭祀，季康子的身份只是大夫，是不可以这么做的。孔子非常生气，责问冉有说："你不能去阻止吗？"冉有回答说："不能。"冉有当时作为季康子的家宰，对这种违背礼法的事情没有阻止，孔子对他是非常不满的。

　　冉有在长期从政的过程中，做事越来越务实，尽力为季孙氏的利益考虑，渐渐就和孔子"复兴礼乐""振兴王道"的理想背道而驰了。

　　当时鲁国有个附属国叫颛（zhuān）臾，季康子为了自己的利益想去讨伐它。出征前，冉有和子路来向孔子汇报工作，说季孙氏要去攻打颛臾。孔子非常震惊，他知道冉有是季康子的总管，在季孙氏的权力集团有着相当重要的地位，马上批评冉有说："冉求，这难道不是你的过错吗？"冉有辩解说："这是季康子大人的想法，我俩都不主张这么做。"孔子又批评冉有说："冉求，如果你不能阻止，就应该辞职，你是季康子的家宰，不是你的过错又是谁的过错呢？"冉有无可辩驳，只得实话实说："颛臾靠近季孙氏的封地，现在不攻打它，以后会成为季孙氏后代的大患。"孔子从冉有的话里听出，他实际上是预谋攻打颛臾的策划者之一，于是毫不留情地指责冉有："冉求，君子痛恨那些嘴上说不想要好处，而实际上总想找借口得到好处的人。现在，你们两个人辅佐季孙氏，远方的人不归服，不能吸引他们来效力；国内民心离散，你们不能保全，反而策划在国内使用武力。我只怕季孙氏的忧患不在颛臾，而是在他们家族内部的不和睦呢！"

公元前483年，冉有协助季康子改革征税制度，新的征税制度让老百姓要交更多的税，这与孔子的主张背道而驰，而冉有不仅不加制止，反而参与其中，这让孔子非常愤怒，气得要和他断绝师生关系。孔子对门下的弟子说："冉求已经不是我的学生了，你们要大张旗鼓地对他进行声讨。"

冉有后来向孔子请罪，孔子始终还是很爱护自己的弟子，就原谅了他，但是师生间的关系已经不像以前那样融洽了。《论语》记载，有一天，冉有退朝去看望孔子，孔子问他为什么今天退朝这么晚，冉有敷衍说在处理国家大事，孔子驳斥他说："你做的不过是日常的小事罢了，如果是国家大事，我虽然没有参与讨论，但我一定会有所耳闻。"

这时候，冉有因为之前多次受到孔子指责，已经不敢向孔子请教事情了。子路在卫国遇难后，卫国国君逃走了，冉有想去请教孔子能不能帮助卫国国君，但是害怕又挨孔子的骂，就去问子贡："老师会帮助卫国国君吗？"子贡便帮冉有旁敲侧击地向孔子请教，然后将孔子的回答转告了冉有。

以孔子的标准来看，冉有并不是一个道德高尚的人，却是一个多才多艺的人。冉有没有全盘接受孔子回到古代社会的思想，而是针对当时的社会进行务实的改革，在《论语》中，冉有被尊称为"冉子"，可见后人还是非常敬佩他的。

宰予

宰予，不知姓什么，氏宰，名予，字子我，《论语》中称他为宰我，鲁国人，比孔子小二十九岁，生于公元前522年。

宰予思维敏捷，能言善辩，是孔子弟子中口才最好的人，这点连子贡也比不上他。但是宰予又是一个不守规矩，特立独行，经常和老

宰予

师"抬杠"的学生。

宰予在跟孔子求学的时候，上课不用心听讲，还在课堂上睡觉，孔子批评了他，他向孔子保证以后不会再犯，可是没过几天，他就把自己做的保证忘得一干二净，又在课堂上睡着了。孔子对于宰予这种言行不一的表现非常生气，严厉地斥责了宰予，并对所有弟子说："腐朽的木头无法雕刻，粪土垒的墙壁无法粉刷。对于宰予这个人，责备还有什么用呢？起初对于人，我是听了他说的话便相信了他的行为；现在对于人，我听了他讲的话还要观察他的行为。就是从宰予这里我改变了观察人的方法。"

宰予是个善于思考，很有见解的人，不像大部分同学那样，老师怎么说就跟着怎么做。在学习的过程中，他经常会冒出一些稀奇古怪的想法，向孔子提一些刁钻古怪的问题。

有一次，宰予问孔子："一个有仁德的人，如果有人告诉他，另一个有仁德的人掉到井底去了，他会不会跳下去救人？"这是个很不好回答的问题，如果回答不跳下去，那么这人就不是一个真正有仁德的人；如果回答跳下去，那么两个人都会有生命危险，那么这个人就不是一个有智慧的人。孔子知道宰予这是在刁难自己，就没有回答他的问题，而是批评他说："为什么要这么做呢？君子可以到井边想办法救人，不必自己跳下去。君子可以被人欺骗，但是不可以被人愚弄！"

又有一次，宰予针对孔子提倡的服丧制度，对孔子说："父母去世了守孝三年，时间也太久了。君子三年不去学习礼仪，礼仪一定会被废弃掉；三年不弹奏音乐，音乐一定会失传。我觉得一年就可以了。"孔子责备他说："父母去世不到三年，你就吃好吃的东西，穿漂亮的衣服，你安不安心呢？"宰予坦然地说："安心啊。"孔子见宰予心安理得的样子，顿时火冒三丈，怒斥宰予："你安心就去做好了！君子守孝，吃东西不觉得美味，听音乐不觉得快乐，住在家里不觉得舒适，他才不会这样干。如果你觉得心安，你就去做好了！"宰予走后，孔子的气仍然没消，他对其他人说："宰予真不仁啊！儿女生下来，三年后才能完全脱离父母的怀抱，为父母守孝三年，天下都是这样，宰予难道就没有从他父母那里得到三年怀抱的爱护吗？"

虽然宰予经常惹孔子生气，但他的本性并不坏，在长期求学的过程中，他的修养得到了很大的提高，也得到了孔子的认可。

孔子周游列国时，宰予一直追随着他，也承担了不少对外交涉的工作。楚国的君臣见了宰予后，非常欣赏他的能力，对他的评价非常高。宰予随孔子回到鲁国后，鲁国国君鲁哀公也向他请教过有关祭祀的问题。由此可见，那时宰予的名声已经非常响亮了。

宰予虽然常挨孔子的骂，但对孔子的学识和品德是非常佩服的。孔子死后，宰予就四处颂扬说："根据我对老师的观察，老师比尧、舜贤能多了。"尧、舜是传说中的古代圣人，宰予认为那些传说中的圣人未必可信，他的老师才是现实中真真正正的圣人！

颜无繇

颜无繇，不知姓什么，氏颜，名无繇，字路，鲁国人，比孔子小六岁，生于公元前545年。

颜无繇很早就拜孔子为师，跟他学习，他对孔子非常敬佩，因此当他的儿子颜回长大后，他就让颜回也拜孔子为师，向孔子求学。

颜无繇家境贫寒，晚年的时候，儿子颜回病死了，他没有钱下葬，最后还是靠师兄弟的帮助，才把颜回厚葬了。

颜回

颜回

颜回，不知姓什么，氏颜，名回，字子渊，《论语》中也称他为颜渊，鲁国人，比孔子小三十岁，生于公元前521年，死于公元前490年，终年31岁。颜回是颜无繇的儿子。

颜回家境贫寒，从小营养不良，二十多岁时头发就全白了。虽然颜回生活贫苦，但他没有去追名逐利，而是将全部精力都投入学习知识上，他是孔子弟子中最好学的，连孔子都自叹不如，孔子称赞他说："颜回的品质是多么高尚啊！一箪饭，一瓢水，住在简陋的小屋里，别人都忍受不了这种穷困清苦，颜回却没有改变他的好学。颜回的品质是多么高尚啊！"箪是古代用竹子做的、用来盛饭的圆形小筐，瓢是把葫芦锯成两半后做成的勺，颜回吃饭用的都是这么简陋的器具，可见他家里真的是非常穷苦。

颜回废寝忘食地学习，真正做到了孔子要求的"学而不厌"，孔子称赞他说："听我的话且能毫不懈怠的，只有颜回一个人吧！"

颜回不但学习优秀，品德更是卓越，孔子称赞他说："颜回这个人，他的心可以在长时间内不离开仁德，其余的学生则只能在短时间内做到仁而已。"

子贡和颜回都是孔子非常喜欢的学生，孔子经常拿两人来比较。有一次孔子问子贡："你和颜回两个相比，谁更好一些呢？"子贡回答说："我怎么敢和颜回相比呢？颜回他听到一件事就可以推知十件事；我呢，知道一件事，只能推知两件事。"孔子说："你是不如他呀，我同意你说的，你是不如他。"

孔子看到颜回和子贡，一个家里穷困潦倒，一个家里富甲一方，便为颜回鸣不平说："颜回的学问道德接近于完善了吧，可是他很贫困。端木赐不听天由命，去做买卖，猜测行情，却往往猜中了。"孔子觉得命运对颜回实在是太不公平了。

颜回聪颖过人，虚心好学，很早就认识到孔子学说的博大精深，他对孔子的尊敬超出一般弟子的尊师之情，他曾经感慨道："老师的学问与道德，我越抬头看，越觉得它高明，越用力钻研，越觉得它深奥。看着它似乎在前面，等我们向前面寻找时，它又忽然出现在后面。老师善于一步一步地引导我，用各种典籍来丰富我的知识，又用各种礼节来约束我的言行，使我想停止学习都不可能，直到竭尽我的才能。好像有一个高大的东西立在我前面，虽然我想要追上去，却找不到路径。"

孔子去周游列国的时候，颜回也一直跟随在他的身边。孔子在卫国的匡邑被当地人围困，逃出来时与大家失散了，颜回最后才逃出来，孔子和颜回重逢后欣喜地说："我以为你已经死了呢。"颜回说："老师还健在，我还没报答您的恩情，怎么敢先死呢？"

颜回是孔子最中意的弟子，孔子希望自己死后，颜回能继承他的志向，将他的学说发扬光大。然而天有不测风云，颜回因为从小身体就不好，学习又用功过度，很早就离开了人世。

颜回死时，孔子悲痛欲绝，哭道："唉！老天爷是要我的命呀！老天爷是要我的命呀！"其他弟子劝他说："您悲痛过度了！"孔子悲痛地说："悲伤过度了吗？我不为他悲伤过度，又为谁呢？"

颜回家里贫穷没有钱安葬，他的父亲颜无繇请求孔子卖掉车子，给颜回买个装棺的外椁。尽管孔子十分悲痛，但他不愿意违背礼法卖掉车子，因为他曾经担任过大夫一级的官员，而大夫必须有自己的车子，不能步行，否则就违背了礼法的规定。孔子说："虽然颜回和我的儿子孔鲤一个有才一个无才，但各自都是父亲的儿子。孔鲤死的时候，也是有棺无椁。我没有卖掉自己的车子去给他买椁。因为我曾经做过大夫，是不可以步行的。"

因为孔子没有同意卖车，于是颜回的同学们就想一起出钱隆重地安葬他，孔子认为这违反了礼法，反对说："不能这样做。"可同学们仍然隆重地安葬了颜回。孔子悲痛地说："颜回把我当父亲一样看待，我却不能把他当亲生儿子一样看待。这不是我的过错，是那些学生们干的呀。"孔子对待颜回就像对待自己亲生的儿子一样，本来他想按照礼法的规定，按自己儿子一样的规模安葬颜回，可是学生们却违反礼法隆重地安葬了他，孔子认为这违背了颜回的意志，因此非常难过。

颜回死后，孔子谈到他时悲痛地说："自从我有了颜回这个学生，学生们就更加亲近我。"孔子在谈到好学的人时总是会说："颜回真是死得可惜呀！我只看见他不断进步，从来没有看见他停止过。"后来鲁哀公问孔子："您的学生中谁是最好学的呢？"孔子回答说："有一个叫颜回的学生好学，他从不迁怒于别人，也从不会犯同样的过错，可惜他不幸短命死了。现在没有那样的人了，没有听说谁是好学的。"

后人尊称颜回为"复圣"，以他为品学兼优的楷模向他学习。颜回的后代也出了许多了不起的人物，比如南北朝时的著名学者颜之推，他写了著名的《颜氏家训》，颜之推的孙子颜师古也是唐朝时的著名学者，而颜之推的五世孙颜真卿，更是中国历史上杰出的书法家，被誉为"楷书四大家"之一。

闵子骞

闵子骞，姓姬，氏闵，名损，字子骞，鲁国人，比孔子小十五岁，生于公元前536年。

闵子骞

闵子骞是有名的孝子，他的父母兄弟和周围的人都对他的孝顺赞不绝口，孔子称赞他说："闵损真是孝顺呀！人们对于他的父母兄弟称赞他的话，都毫无异议。"

闵子骞性格温文尔雅，侍奉在孔子身边时，总是和悦温顺的样子，他平时说话也不多，但是在关键的时候往往一语中的，孔子评价他说："这个人平日不大开口，一开口就说到要害上。"

闵子骞因为德行高尚，因此声名远播，鲁国的掌权者季氏请他来做官，闵子骞不愿为季氏这种剥削百姓的人卖命，便对来请他的人说："请你回去替我推辞吧！如果再来召我，那我一定跑到汶水那边去了。"汶水就是现在山东的大汶河，当时汶水流经齐、鲁两国之间，闵子骞的意思是说，如果季氏再来召他，他就要离开鲁国到齐国去了。

闵子骞终生没有出任官职，直到五十岁时去世。

冉耕

冉耕

冉耕，不知姓什么，氏冉，名耕，字伯牛，鲁国人，比孔子小七岁，生于公元前544年。

冉耕德行很好，但是后来不幸得了麻风病，孔子前去探望他，从窗户外面握着他的手说："难活了，这是命啊！这样的人竟会得这样的病啊！这样的人竟会得这样的病啊！"

仲弓

仲弓

仲弓，不知姓什么，氏冉，名雍，字仲弓，鲁国人，比孔子小二十九岁，生于公元前522年。

仲弓的父亲是个社会地位很低下的人，应该没读过什么书，但是仲弓拜孔子为师却学到了很多学问，远远超过那些自命不凡的贵族，孔子评论仲弓说："耕牛产下的牛犊长着红色的毛，整齐的角，人们虽然不想用它来祭祀，但山川之神难道会舍弃它吗？"古人认为耕牛是不配用来做祭品的，耕牛产下的牛犊当然也不能用来祭祀。孔子的意思是说，耕牛产下的牛犊如果满足祭祀的条件，那么神灵也一定会接受的。孔子把仲弓比作耕牛产下的牛犊，他认为即使出身低贱，只要是人才，就可以提拔。

仲弓的口才不是很好，有人对孔子说："仲弓这个人有仁德但没有口才。"孔子说："何必要有口才呢？靠伶牙俐齿和人辩论，常常被人讨厌。仲弓未必达到了'仁'的境界，但为什么要有口才呢？"孔子认为人只要有仁德就足够了，不需要伶牙俐齿，能言善辩，有仁德的人不必有口才，关键是要做到以德服人，而不是以嘴服人。

仲弓不但德行好，行政能力也很强，孔子评价他说："冉雍这个人，可以让他做一个部门或一个地方的长官。"后来季氏请仲弓去做他的家臣，仲弓上任前向孔子请教怎样管理政事。孔子说："给工作人员带头，不计较别人的小错误，提拔优秀的人才。"仲弓又问："怎样知道谁是人才而把他们选拔出来呢？"孔子说："提拔你所知道的，至于那些你不知道的人才，别人难道会埋没他们吗？"

仲弓在季氏手下做了三个月，季氏虽然对他非常礼貌，却没有采纳他提出的建议。仲弓明白了季氏和自己的政治主张完全不同，便辞去了职务，又回去侍奉孔子，直到孔子去世。

子游

子游，不知姓什么，氏言，名偃，字子游，吴国人，比孔子小四十五岁，生于公元前506年。

子游二十多岁就当上了鲁国的武城宰，也就是武城的长官。孔子到武城，见到子游教导百姓弹奏琴瑟演唱诗歌，觉得武城是个小地方，没有必要费力气去做这些，就微笑着对子游说："杀鸡何必用宰牛的刀呢？"子游恭敬地回答："以前我听老师说过：'君子学习了道德就能爱人，小人学习了道德就容易使唤。'"孔子知道自己说错了话，对随行的弟子们解释说："学生们，言偃的话是对的。我刚才说的话，只是开个玩笑而已。"

孔子去世后，子游因为和其他师兄弟意见不合，被迫离开鲁国，前往南方传播孔子的学说，他的学生被称为"子游氏之儒"。

子游

子夏

子夏，不知姓什么，氏卜，名商，字子夏，有人说他是晋国人，也有人说他是卫国人，比孔子小四十四岁，生于公元前507年。

子夏非常聪明，年纪轻轻就可以和孔子一起讨论《诗经》了，孔子怕他骄傲自满，告诫他说："你要做像君子一样的读书人，不要做

子夏

像小人一样的读书人。"

子夏和子游一样年轻有为，二十多岁就做了鲁国的莒父宰，也就是莒父的长官。他上任前向孔子请教怎样处理政事，孔子告诫他说："不要求快，不要贪求小利。求快反而达不到目的，贪求小利就做不成大事。"

子夏有一个特点，就是喜欢结交比自己优秀的人，孔子曾预言说："我死了以后，子夏会越来越进步，子贡会越来越退步。因为子夏喜欢与比自己优秀的人相处，而子贡喜欢与不如自己的人相处。"子夏与子贡不同，他认为与比自己优秀的人交往，可以学到更多的东西，这正是自己不断进步的前提。

孔子去世后，子夏前往魏国传播孔子的思想主张，在魏国的西河开馆讲学，连魏国的国君魏文侯都尊他为老师。子夏在魏国培养出了一批优秀的学生，成为各国争抢的人才。

子夏晚年，因为儿子去世而悲痛大哭，导致双目失明。后来他离开人群独自居住，在孤独中离开了人世。

子夏对儒家经典的传承起到了非常重要的作用，他整理和传播了许多重要的古代文献，学者们认为，"六经"中的大部分都是子夏传授给弟子的，比如《诗经》《尚书》。子夏是一位杰出的学者、教育家，他淡泊名利，活到老，学到老，他的一生对后世有着极其深远的影响。

曾皙

曾皙，不知姓什么，氏曾，名点，字皙，鲁国人，比孔子小六岁，生于公元前545年。

曾皙是孔子最早收的弟子之一，他爱好礼乐，淡泊名利。

有一次，子路、曾皙、冉有、公西华四个人陪孔子坐着，曾皙在一旁弹奏瑟。孔子说："我年龄比你们大一些，不要因为我年长而不敢说。你们平时总说：'没有人了解我呀！'假如有人了解你们，那你们要怎样去实现自己的抱负呢？"

曾皙

子路第一个抢着回答："一个拥有一千辆兵车的国家，夹在大国中间，常常受到别的国家侵犯，国内又闹饥荒，让我去治理，只要三年，就可以使人们勇敢善战，而且懂得礼仪。"

孔子听了，微微一笑，又问冉有："冉求，你怎么样呢？"冉有答道："方圆六七十里，或者五六十里的小国家，让我去治理，三年以后，就可以使百姓饱暖。至于这个国家的礼乐教化，就要等君子来施行了。"

孔子又问："公西华，你怎么样？"公西华答道："我不敢说能做到，只是愿意学习。在宗庙举行祭祀，或者在同别国的盟会中，我愿意穿着礼服，戴着礼帽，做一个小小的司仪。"

孔子又问："曾点，你怎么样呢？"这时曾皙弹瑟的声音逐渐稀疏，接着"铿"的一声结束，他放下瑟站起来，回答说："我想的和他们三位说的不一样。"孔子说："那有什么关系呢？也就是各人讲自己的志向而已。"曾皙说："我希望在暮春三月，已经穿上了春装，我和五六位成年人，六七个少年，去沂水中洗洗澡，在舞雩台上吹吹风，然后一路唱着歌回来。"孔子长叹一声说："我赞成曾点的想法啊！"

从这段谈话里可以看出曾皙的志向，他希望天下太平，人民可以过着自由安乐的生活，不但生活富足，丰衣足食，而且可以四处去歌舞游玩，有丰富的精神享受。所以孔子才会说自己赞同曾皙的理想。

曾皙对孩子的教育非常严格，他的儿子曾参也拜孔子为师，并且学有所成，曾皙也因此被后人誉为教子有方的典型。

曾参

曾参

曾参，不知姓什么，氏曾，名参，字子舆，鲁国人，比孔子小四十六岁，生于公元前505年。曾参是曾皙的儿子。

曾参十六岁拜孔子为师，孔子评价他做事有些迟钝，但他勤奋好学，年纪轻轻就领悟到了孔子思想的精髓。有一次，孔子对曾参说："参啊，我的学说可以用一个根本的原则贯穿起来。"曾参领会了孔子的意思，便恭敬地回答说："是。"孔子出去之后，其他同学便问曾参："老师说的是什么意思？"曾参说："老师的学说，就是'忠'和'恕'罢了。"

颜回死后，孔子重点培养曾参，使得他成为孔子思想的主要继承人。传说孔子将"孝道"传授给了曾参，曾参又传授给了他的弟子，而他的传人将这些内容编写成了《孝经》，一直流传到现在。

《孝经》中记载，有一次曾参在孔子身边侍坐，孔子问他："先代的圣贤之王有最好的品德和重要的思想，用来使天下人心归顺，百姓和睦，上上下下都没有怨恨和不满，你知道它是什么吗？"曾参听了，明白老师是要指点他最深刻的道理，连

《孝经》仇英画卷（局部）

忙从坐着的席子上站起来，走到席子外面，恭敬地回答："我不够聪明，哪里能知道这些道理呢？"孔子说："这就是孝！它是一切道德的根本，一切的教化都是由此产生的。坐回你的座位上去，我告诉你这个道理。"于是孔子便将"孝道"的内容传授给了曾参。

孔子临终时，将孙子子思托付于曾参，希望他能好好教导子思。子思后来拜曾参为师，向他学习孔子的学说，几十年后，孟子又拜子思的弟子为师，学习儒家学说，成了孔子思想的主要继承人。后人追根溯源，便将曾参尊奉为"宗圣"。《论语》中有一些篇章就是曾参的弟子们编写的，因此在《论语》中曾参都被尊称为"曾子"。

有若

有若，不知姓什么，氏有，名若，字子有，鲁国人，比孔子小三十三岁，生于公元前518年。

有若勤奋好学，精通礼乐，传说他看书

有若

时担心睡着而用火烧手，让自己保持清醒。

孔子去世后，弟子们十分思念他，因为有若的长相与孔子有几分相似，有些弟子就请有若当老师，如同孔子在世时那样对待他。但是不久，弟子们先后提出两个和孔子有关的问题，有若都不能回答，弟子们起身说："有子离开老师的位子，那不是你该坐的地方！"有若就这样被赶了下来。

有若遵从孔子的教导，一生致力于教育，教授了很多学生，将孔子的思想广泛传播到各地，他曾提出"礼之用，和为贵"等学说，这些思想对后世影响深远。

《论语》中尊称有若为"有子"，因此很多学者都认为《论语》是有若的弟子和曾参的弟子共同编写的。

子张

子张

子张，姓妫（guī），氏颛孙，名师，字子张，陈国人，比孔子小四十八岁，生于公元前503年。

子张出身微贱，为人勇武，是个犯过罪的人。孔子评价子张，说他性格偏激，但是子张在孔子的教导下刻苦学习，最终成为声名显赫的饱学之士。

子张交友广泛，不像子夏只结交比自己优秀的人。有一次，子贡好奇子张和子夏哪个待人更好，就去问孔子："子张和子夏二人谁更好一些呢？"孔子回答说："子张做得有些过头，子夏做得有些不足。"子贡说："那么是子张好一些吗？"孔子说："过头和不足同样不好。"孔子认为子夏只结交比自己优秀的人，在结交朋友方面做得是不足的，但是子张什么人都去结交，不看那人的品行是不是端正，这样就是做得过头，也是不好的。

很多年后，子夏的学生向子张请教怎么结交朋友，子张问他："子夏说了些什么？"子夏的学生回答："子夏说，可以结交的人就去结交他，不可以结交的人就拒绝他。"子张说："我从老师那儿听到的与子夏说的有些不同：君子尊敬贤人，也结交普通人；鼓励有能力的人，也同情能力不足的人。如果我是贤人，有什么人不能包容呢？如果我是不贤的人，别人不愿接纳我，都快没有朋友了我怎么还能拒绝接纳别人呢？"

子张人缘很好，师兄弟们对他的评价也很高，但是都认为他还没有达到"仁"的境界。子游评价他说："我的朋友子张是难能可贵的了，然而还没有达到仁。"曾参评价他说："子张的为人高不可攀了，但是难以带领别人一同达到仁。"

孔子去世后，子张去了陈国，招收学生传授孔子的学说，创立了儒家的一支学派，他的学生被称为"子张氏之儒"。

原宪

原宪，不知姓什么，氏原，名宪，字子思，鲁国人，比孔子小三十六岁，生于公元前515年。

原宪出身贫寒，洁身自好，一生安贫乐道，不肯与世俗合流。孔子为鲁国司寇时，照顾原宪家境贫寒，就让他当自己的管家，这样每个月可以给他薪水，资助他的生活。有一次孔子给他俸米九百斗，原宪认为太多了，推辞

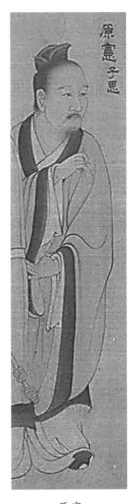

原宪

不要，孔子说："不要推辞，如果有多的，就给你的乡亲们吧。"

孔子去世后，原宪隐居卫国，住着茅屋，吃着粗茶淡饭，生活极为清苦，然而他却不以为意，整天端坐里面，兴致勃勃地弹琴唱歌。

当时子贡担任卫国的相，有一天他率领一大群随从，坐着豪华的马车，前呼后拥地来到原宪住的僻陋小巷里，探望问候原宪。原宪整理好所穿戴的破旧衣帽会见子贡，子贡觉得很丢脸，奚落他说："原先生难道也生病了吗？"原宪说："我听说过这样的话：没有财产叫作贫，学习了道理而不能实行才叫作病。像我这样，是贫，而不是病啊。"子贡听完觉得非常惭愧，待了一会儿就不高兴地走了，此后，子贡一直都因为这次言语的过失而感到羞耻。

因为这件事，后人就以"原宪甘贫"来比喻能安贫乐道的人。

澹台灭明

澹台灭明

澹台灭明，不知姓什么，氏澹台，名灭明，字子羽，鲁国人，比孔子小三十九岁，生于公元前512年。

子游在做武城长官的时候，孔子去看望他，向他询问当地有没有优秀的人才，子游回答说："有一个叫澹台灭明的人，从来不走邪路，没有公事从不到我屋子里来。"孔子听了子游的话后就去见澹台灭明，澹台灭明喜出望外，便拜孔子为师，向他求学。

澹台灭明容貌丑陋，不是很得孔子喜欢，孔子对他关注不多，一度认为他天资不足。澹台灭明接受学业完毕后，回到家中修习实践孔子教授的学业。他为人正直，品德高尚，做事从不走歪门邪道，不是公事就不去拜见官员。

后来澹台灭明南下出游，渡过长江到达吴国，又从吴国到达楚国，他沿途招收弟子教授孔子的学说，随从的弟子有三百人之多。澹台灭明待人处事公正无私，名声遍及各国。孔子听说了这些情况后，感慨地说："我凭言辞来判断人，错看了宰予；凭外貌来判断人，错看了子羽。"

澹台灭明创立了儒家在南方的学派，最后在南昌逝世，他一生致力于传播儒家文化，受到楚国人民的敬重和爱戴，当地人民感念他的功绩，为他立祠立墓祭祀，若干年后，他的弟子又将澹台灭明的墓迁回他的家乡武城。

樊迟

樊迟，不知姓什么，氏樊，名须，字子迟，《论语》里称他为樊迟，齐国人，比孔子小三十六岁，生于公元前515年。

樊迟原来是一个农民，后来拜孔子为师，他有很强的上进心，而且求知心切，什么都想学。有一次，樊迟向孔子请教种庄稼，孔子说："我这方面不如老农民。"樊迟又向孔子请教种菜，孔子说："我这方面不如老菜农。"樊迟退下去后，孔子生气地说："小人呀，樊须！执政的人喜好礼仪，老百姓就没有人敢不恭敬；执政的人喜好义理，老百姓就没有人敢不服从；执政的人喜好信用，老百姓就没有人敢不真心实意。像这样的话，四面八方的老百姓都会背着他们的子女来投奔了，哪里用得着自己去种庄稼！"孔子的教育思想是要培养学生成为知识分子，成为国家的管理者，

樊迟

他教育的目的并不是培养以后去种庄稼种菜的劳动者，所以他对樊迟的提问感到非常失望。

樊迟才智不高，在学业上成就不大，但是他作战勇猛，又有谋略，在军事方面有一定的建树。

公元前484年，齐国派大军进攻鲁国。当时樊迟在师兄冉有手下做事，而冉有是季康子的家宰，季康子让冉有率领左军，冉有就让樊迟跟自己乘同一辆战车出战。季康子担心地对冉有说："樊迟年纪太轻了。"冉有说："因为他能够听从我的命令。"

鲁军和齐军在郊外对峙，鲁军的士兵不敢越过壕沟迎战，樊迟

宓不齐

对冉有说："士兵们不是不能，是不相信您，请您把号令申明三次，然后带头越过壕沟。"冉有照樊迟说的做了之后，鲁军士气大振，奋勇杀敌，打败了齐国的军队。孔子听说了情况后，对冉有和樊迟赞赏有加。

孔子去世后，樊迟、闵损、宓（fú）不齐一起继承孔子的遗志兴办私学，在后世享有较高的礼遇。

宓不齐

宓不齐，不知姓什么，氏宓，名不齐，字子贱，鲁国人，比孔子小三十岁，生于公元前521年。

宓不齐品德修养很高，而且善于向别人学习，孔子称赞他说："宓不齐真是个君子呀！如果鲁国没有君子的话，他是从哪里学到这种优秀品德的呢？"孔子的言下之意是，宓不齐善于学习别人的优点，然后提高

自己的品德，也就是实践了孔子说的"三人行，必有我师焉，择其善者而从之，其不善者而改之"这个思想。

后来宓不齐到单父当长官，他把那里治理得井井有条，孔子问他："你治理单父这个地方，让民众都很快乐，你采用什么办法做到的呢？"

宓不齐回答说："我治理的办法是，像父亲那样体恤百姓的儿子，像顾惜自己儿子那样照顾孤儿。"

孔子说："好！但这只是小恩小惠，恐怕还不止这些吧。"

宓不齐说："在单父这里有五个才能比我强的人，我都恭敬地和他们交往并向他们请教，他们都指导我如何治理单父。"

孔子听后感叹地说："治理好单父的大道理就在这里了。可惜你治理的地方太小了，应该让你去治理更大的地方。"

宓不齐以品德著称于世，为后人所敬仰。

高柴

高柴，姓姜，氏高，名柴，字子羔，齐国人，比孔子小三十岁，生于公元前521年。

高柴为人憨直忠厚，孔子评价他有些笨。子路在做季孙氏家臣的时候，推荐高柴去做费邑的长官，孔子不同意，认为高柴能力不够，还为此和子路起了争执。

子路去卫国的蒲邑做长官时，高柴也跟着去卫国做了士师，也就是掌管诉讼、刑罚的官员。他执行法令标准一致，受到他刑罚的人没有对他产生怨恨的。

高柴

幼读《论语》精选

后来卫国发生政变，高柴逃出了都城，他在逃跑的路上遇到子路，劝子路不要回城了，子路没有听从，最后在王宫遇难。

高柴从卫国逃走后到了陈国避难，最后在那里病逝。

漆雕开

漆雕开，姓姬，氏漆雕，名开，字子开，鲁国人，比孔子小十一岁，生于公元前540年。

漆雕开跟随孔子学习《尚书》，不愿意去做官。有一次孔子让他去做官，说："你已经到可以做官的年龄了，再晚你就老了。"漆雕开回答说："我对做官没有信心。"并表示自己只想专心研究学问，孔子听了非常高兴。

漆雕开著有《漆雕子》十三篇，深受当时人们的好评，可惜后来失传，我们再也看不到他的学说了。

商瞿

商瞿，不知姓什么，氏商，名瞿，字子木，鲁国人，比孔子小二十九岁，生于公元前522年。

商瞿跟孔子学习了《易》，是孔子所有弟子中对《易》最有研究的一个。孔子去世后，商瞿和他的传人们又撰写了和《易》有关的许多著作，并将这些编成了《易经》，一直流传到现在。

漆雕开

商瞿

公良孺

公良孺，姓妫，氏公良，名孺，字子正，陈国人，出生年月已经不知道了。

公良孺是陈国的贵族，他身材高大，有才德又有勇力。公良孺拜孔子为师后，跟随他周游列国。孔子一行人路过卫国的蒲邑时，那里正发生战乱，蒲邑人扣留了孔子。公良孺带着五辆私人马车还有许多随从一路跟随孔子，他对孔子说："我之前跟着老师在匡邑遭遇危难，如今又在这里遭遇危难，这是命啊。我与老师一起再次蒙难，我宁可拼斗而死。"公良孺率领自己的随从和蒲邑人展开激烈的搏斗，蒲邑人害怕了，对孔子说："如果你不去卫国都城，我们就放了你。"孔子迫于无奈，和他们立了盟誓，蒲邑人便将孔子从东门放走了。

公冶长

公冶长，不知姓什么，氏公冶，名长，字子长，鲁国人，出生年月已经不知道了。

公冶长自幼家贫，勤俭节约，聪颖好学，博通书礼，德才兼备，深受孔子赏识。

公冶长曾无辜获罪，孔子知道后说："可以把女儿嫁给他，他虽然被关在牢狱里，但这并不是他的罪过呀。"于是，孔子就把自己的女儿嫁给了他。

公冶长一生致力于研究学问，鲁国国君多次请他做官，但他一概不应，而是继承孔子遗志，教学育人，成为著名文士。

公冶长

南宫括

南宫括

南宫括，不知姓什么，氏南宫，名括，字子容，《论语》中称他为南容，鲁国人，出生年月已经不知道了。

南宫括言行谨慎，崇尚道德。孔子评价南宫括时说："国家政治清明的时候，他有官做；国家政治黑暗的时候，他也可以保全自己，不受刑罚。"于是孔子把自己的侄女嫁给了他。

公西赤

公西赤，不知姓什么，氏公西，名赤，字子华，鲁国人，比孔子小四十二岁，生于公元前509年。

公西赤擅长礼仪、祭祀，有优秀的外交才能，曾作为鲁国的大使出使齐国。

孔子的弟子还有很多，但是因为时间太过久远，他们的事迹都没有流传下来，这实在是非常遗憾的事。孔子能教出这么多优秀的人才，可想而知他是一位多么了不起的人，因此他才会被后人尊奉为"万世师表"。

公西赤

【中篇】

孔子与《论语》

第一章　孔子的思想

　　我们先说说孔子教授的课程，孔子给学生上的课被称为"六艺"：礼、乐、射、御、书、数。不过"六艺"不是孔子创造的，这是当时贵族的教育内容，在孔子出生的几百年前，周王朝的贵族就开始学习"六艺"了。

　　"礼"类似我们现在的思想品德课；"乐"类似我们现在的音乐课；"射"教的是射箭的技巧；"御"教的是驾驭马车的技巧；"书"类似我们现在的语文课和书法课；"数"类似我们现在的数学课。

　　春秋时的知识分子，在和平的时候作为官员管理国家，发生战争的时候作为战士冲锋陷阵。史书就记载孔子的学生冉有和樊迟曾统领军队作战，后来季康子问冉有跟谁学的军事本领，冉有回答是孔子。孔子的学生中有不少就是以勇武著称的，像子路、子张、公良孺等。

　　可见孔子除了教学生们礼、乐、书、数等文化课外，还教射、御等军事课，相当于我们现在说的德、智、体、美、劳全面发展。孔子虽然给学生上军事课，但他是非常反对战争的，史书记载，卫国国君问孔子有关军事的事，孔子很不高兴，说自己不懂这些，只知道礼乐。

　　接下来我们从个人修养、家庭伦理、社会关系和国家治理四个方面来简单介绍一下孔子的思想。

　　在个人修养方面，孔子认为最高尚的道德品质是"仁"。"仁"本来是指人与人之间相互友爱，是古代一种含义非常广泛的道德品质，孔子丰富了"仁"的内涵，他认为能够实现仁德的完美之人是君子，而与君子相反的人则被称为小人。君子本来是指国君之子，因为在古代只有国君之子才能得到最好的教育，所以他的学识和品德往往也是很高的，后来就将品德高尚的人尊称为"君子"。而好学不倦、胸怀大志的品德，是成为君子的基础。

孔子认为一个人最重要的品德就是好学。当时的人认为最高明的智慧是生下来便什么都懂，传说中的圣人就是这类；次一等的智慧是通过学习掌握知识，孔子认为自己和大众都是这类，因此他特别强调学习的重要性。孔子一生学识渊博，精通六艺，道德修养更是高不可攀，可是在他六十多岁时，他却评价自己只是个发愤学习而忘记了吃饭，安贫乐道而忘记了忧愁，连自己快要老了都不知道的人，可见他多么重视学习。

除了好学，孔子还主张人要有志气和"知其不可而为之"的精神。他说："一国军队的主帅可以被抓去，但一个人的志向是不能被夺去的。"一个人如果有志气，无论遇到多大的困难，他都能凭着坚强的意志克服，反过来说，一个人如果没有志气，就会一事无成。

"知其不可而为之"的意思是明知做不到却还要去做，这句话看似愚蠢，实际上却是做人的大道理。孔子倡导人要有锲而不舍的追求精神，古今中外许多伟大的成就都是人们经过艰苦努力和奋斗得来的。

孔子认为，一个人树立远大的志向，怀着锲而不舍的精神，再通过不断的学习，逐步锻炼出恭、宽、信、敏、惠、义、勇等品德，为人处世能够刚强、坚毅、朴实、谨慎，那么就能够接近"仁"了。

一个人怎么做才能具有这么多优秀的品德呢？孔子认为终身奉行"恕"可以实现，他对弟子曾参说过，他的思想可以通过"恕"来贯穿。那什么是"恕"呢？孔子用最简单的话解释说："自己不想要的事物，就不要强加给别人。"这就是"恕"！

在家庭伦理方面，孔子认为最重要的是"孝"和"悌"，孔子把

"孝""悌"看作实行"仁"的根本条件。

孝是子女对父母的敬爱，孔子认为孝是人与人相处的道德之根本，一个人如果不孝顺父母，那么他是不可能对其他人有道德的。传说孔子将"孝道"传授给了曾参，曾参又传授给了他的弟子，而他的传人将这些内容编写成了《孝经》。

悌，本来指敬重乡中长辈，被孔子重新解释为敬爱兄长，顺从兄长。孔子为了防止兄弟争权导致国家、家庭分裂，重新解释了"悌"的含义。

在社会关系方面，孔子认为要结交志同道合的朋友，要多向比自己好的人学习，对人要诚实，做事要守信，不要贪小便宜。除此之外，孔子尤其强调对待错误的态度。他认为所有的人都会犯错，即使完美如君子也不例外，但是知错能改依然会得到众人的尊敬，有过错而不改正，那才是真正的过错。

孔子为了实现自己的理想，积极参与社会活动，而他最重要的贡献就是兴办教育。孔子认为人出生时的本性是相近的，只是因为生活环境不同才导致习性有很大的差别，只要能接受好的教育，品德就不会有差别。因此他创办私学，广招学生，打破了当时贵族对教育的垄断，让广大穷苦的平民也能接受到好的教育。孔子教育思想的核心在于"因材施教"，也就是针对不同的学生，制订不同的教学内容。《论语》中就记载了这么一个故事，有一次，子路问："听到了就行动起来吗？"孔子说："有父兄健在，怎么能听到就行动起来呢？"子路离开后，冉有又来问："听到了就行动起来吗？"孔子说："听到了就行动起来。"一旁的公西华不明白了，就问孔子："子路问'听到了就行动起来吗？'，您回答说'有父兄健在'，冉有问'听到了就行动起来吗？'，您回答'听到了就行动起来'。我被弄糊涂了，想再问个明白。"孔子说："冉有总是退缩，所以我鼓励他；子路好勇过人，所以我约束他。"这就是孔子的"因材施教"。

在国家治理方面，孔子主张首先要"正名"，正名就是要改变当时政治伦理混乱的现象，用孔子的话说就是"君君，臣臣，父父，子子"，国君要像一个有仁德的国君，大臣要像一个尽忠尽职的大臣，父亲要像一个爱护家人的父亲，儿子要像一个孝顺父母的儿子，如果所有的人都能做好自己的事，那就会国泰民安。

孔子同情底层的民众，反对贵族对平民的剥削。孔子的学生冉有帮助季氏向国民征税，孔子知道后，非常愤怒地要和冉有断绝师生关系，并且号召其他弟子去声讨冉有。由此可见孔子对贵族剥削人民的现象深恶痛绝。

孔子反对战争，希望能恢复到周朝初期的礼乐治国。出于种种原因，孔子没有机会实现他的理想，但是他的一些学生做了地方官后，按照孔子的教导，在任职的地方实行了礼乐制度。实际上，礼乐制度已经不适应当时社会的发展了，因此最后还是被历史的车轮所淘汰。

第二章 论语的来历

　　《论语》是一部记录孔子言行的书，其中也记载了孔子一些学生的言行。"论语"的"论"是"论述编纂"的意思，"论语"的"语"是"夫子的语言"的意思，"论语"就是"把和夫子有关的语言论述编纂在一起"的意思。

　　《论语》共有二十篇，分别是：《学而第一》《为政第二》《八佾（yì）第三》《里仁第四》《公冶长第五》《雍也第六》《述而第七》《泰伯第八》《子罕第九》《乡党第十》《先进第十一》《颜渊第十二》《子路第十三》《宪问第十四》《卫灵公第十五》《季氏第十六》《阳货第十七》《微子第十八》《子张第十九》《尧曰第二十》。

　　《论语》的篇名通常取开篇前两个字，若开篇前两个字是"子曰"，则跳过取句中的前两个字；若开篇三个字是一个词，则取前三个字；篇名与各篇中的内容没有什么关系。

　　那么《论语》的作者又是谁呢？根据学者们的研究，《论语》并不是出自一个人之手，有些是孔子的学生写的，有些是孔子学生的传人写的，其中有曾参的传人、子张的传人、子夏的传人、闵子骞的传人等。自唐朝的柳宗元以来，很多学者都认为《论语》最后是由曾参的传人在孔子去世后几十年的时间里编订的。

【下篇】

《论语》教会我们的事

第一章　学习篇

1. 子曰①："朝闻②道，夕死可矣③。" ——《论语·里仁》

【注释】①曰：yuē，说的意思。《论语》里的"子曰"都是指"孔子说"。

②朝：zhāo，早晨。

③矣：yǐ，语气词，没有实际意思。

【译文】孔子说："早晨得知真理，就算我当晚死去，那也没有遗憾了。"

【写给孩子的话】

　　这是孔子认为的学习的最高境界，人只要活着就应该不断学习，通过学习追求生命的真理。古代的贤者以"学无止境"来时刻督促自己，因此任何时候都不应该有"我已经学得很好了，不用再学习了"的想法。

2. 子曰："学如不及，犹恐失之。"——《论语·泰伯》

【译文】孔子说："学习知识就像（追赶什么似的），生怕赶不上；（赶上了）又担心丢掉它。"

【写给孩子的话】

　　这段话和成语"求知若渴"表达的是一个意思。学习要时刻抱着一种紧迫的心态，一旦松懈，就有可能追不上日新月异的知识了。比如在20世纪90年代初的时候，个人计算机还非常昂贵，大部分人都没有见过，可是现在，个人计算机已经非常普及了，如果不会使用的话就和文盲差不多了。在这个科技进步的过程中，就必须不断学习，否则就会被社会淘汰。

3. 子曰："古之学者为己，今之学者为人也。"——《论语·宪问》

【译文】孔子说："古代的人学习是为了充实提高自己，而现在的人学习是为了炫耀给别人看。"

【写给孩子的话】

　　这段话告诉我们学习的目的，同时警示我们要端正学习的态度。学习的目的是丰富自己的知识，提高自己的修养。不要刚学了一些简单的入门知识，就急着在别人面前炫耀，这种做法是不可取的，反而会招来别人的讨厌。比如说你学了几个月的钢琴，会弹几首简单的曲子了，这时候就在其他没有学过的同学面前炫耀，想博得同学们对你的称赞，可是当大家发现你只会那么几首简单的曲子时，不但不会称赞你，反而会嘲笑你不够谦虚。

4. 子曰："三人行，必有我师焉，择其善者而从之，其不善者而改之。"——《论语·述而》

【译文】孔子说："几个人一起走路，其中必定有人可以做我的老师，我选择他的优点向他学习，看到他的缺点就作为借鉴，改掉自己身上同样的缺点。"

【写给孩子的话】

　　每个人都有自己的优点和缺点，我们要多学习他人的优点，要知道如何分辨别人的缺点，如果自己身上也有这样的缺点那就一定要改正。比如有的同学可能学习成绩不是很好，但是他很有礼貌，为人开朗，同学们都愿意和他交朋友，这就值得我们学习。再比如有的同学虽然学习成绩很好，但是不讲卫生，自己的房间都不收拾干净，这就要引以为戒，如果自己也有这个缺点，就必须要改正。

5. 子曰："学而时习之，不亦悦①乎？有朋自远方来，不亦乐乎？人不知而不愠②，不亦君子乎？"——《论语·学而》

【注释】①悦：原文为通假字"说"。为便于孩子阅读，本书将《论语》原文中的通假字进行了替换，后不再述。
②愠：yùn，恼怒，怨恨。

【译文】孔子说："学习了，又按一定的时间去温习、练习，不是很愉快吗？有志同道合的朋友从远方来，不是很快乐吗？别人不了解我，我也不怨恨、恼怒，不也是一个有德的君子吗？"

【写给孩子的话】

学到新知识后，要经常复习，在这个过程中我们既能巩固对知识的掌握，又能提升自己的学习兴趣，这当然是一件值得高兴的事。比如我们学习了乐器的演奏后，就要经常练习，这样既能提高自己的演奏水平，又能领略到音乐的美妙。如果有不住在一起的朋友，我们要珍惜和他们相处的时光，因为相处的日子是非常短暂的。待人处事只要是问心无愧，哪怕偶尔被别人误会，受到了暂时的委屈，也不要去怨恨别人。如果是真心对你好的人，他们一定会了解到真实的情况，如果不是真心对你好的人，那就随他们去说，不必在意他们的看法，这样才是一个心胸坦荡的人。

6. 子曰："温故而知新，可以为师矣。"——《论语·为政》

【译文】孔子说："在温习旧知识时能有新体会、新发现，就可以做老师了。"

【写给孩子的话】

　　成语"温故知新"就是出自这里。复习是学习过程中一个很重要的环节，但如果只是为了应付老师和家长，把学过的知识看一遍就交差，这不是真正的复习。在复习的过程中应该深入地思考，从所学的知识中得到新的启发，如果能做到这样，那么在复习时就可以自己给自己当老师了。比如你学习乐器的演奏，老师上课时教给了你演奏的技巧，可是你没有完全掌握，回家后你复习老师教的内容，同时在复习的过程中不断思考，不断提高，这样你就能逐渐掌握演奏的技巧了。

7. 子夏曰："日知其所亡，月无忘其所能，可谓好学也已矣！"——
《论语·子张》

【译文】子夏说："每天学到未知的知识，每月复习已经学过的知识，
可以说是好学了。"

【写给孩子的话】

　　学习是靠日积月累的，如果每天能学到一个新的知识，每个月能将已经学过的知识进行巩固，那么五年、十年、二十年之后，你一定会成为一个知识渊博的人。比如你每天都背诵一首新的诗，每隔一个星期或一个月又把以前学过的诗全部复习一遍加深印象，几年之后，你就能背诵几十首诗，成为一个有一定文学素养的人了。

8. 子曰: "学而不思则罔①, 思而不学则殆②。" ——《论语·为政》

【注释】①罔: wǎng, 迷惑。

②殆: dài, 疑惑。

【译文】孔子说: "只读书学习, 却不思考问题, 就会迷茫而没有收获; 只空想而不读书学习, 就会疑惑而缺乏信心。"

【写给孩子的话】

这段说的是学习的方法。古代的学者是反对死读书的, 一位孔子之后的儒家重要思想家孟子说过: "尽信书, 则不如无书。" 意思是说, 完全相信《尚书》上的内容, 还不如不读《尚书》。现在这句话就被引申为, 完全相信书上的内容, 还不如不读书。学习了新的知识后, 就要进行思考, 分析书上的内容是否正确。明代杰出的医药学家李时珍在学习了古代的医书后, 发现书上有很多错误的地方, 他就用二十七年的时间编成了《本草纲目》一书, 这本书后来成为中医领域的经典著作。但也有些人只是在那里空想, 很少去学习和实践。比如一个人在看到别人用乐器演奏出美妙的音乐时, 就想象自己也能成为音乐家, 但是不肯花时间去学习音乐知识、练习演奏技巧, 时间长了他就会自暴自弃, 觉得自己不可能在音乐方面有所成就, 而彻底地远离音乐。

9. 子曰："吾尝终日不食，终夜不寝，以思，无益，不如学也。"——《论语·卫灵公》

【译文】孔子说："我曾经整天不吃饭，整晚不睡觉，去左思右想，结果没有什么好处，还不如去学习为好。"

【写给孩子的话】

　　这段话的意思是说，与其整天空想，不如多学习些新知识，和"思而不学则殆"的意思差不多。对于身处娱乐发达时代的我们，这段话也可以引申为，与其整天看影视剧、玩游戏，不如多学习些新知识。现在的娱乐方式非常多，最吸引男生的就是网络游戏，很多男生沉迷在游戏中不能自拔，整天想的都是怎么玩游戏；而最吸引女生的则是偶像剧和综艺节目，很多女生整天沉迷在对偶像的幻想中，盲目追星。这些娱乐方式不能完全说不好，但是应该适可而止，如果我们不能学习到更多的知识，长大以后就没有能力在社会上与人竞争，那时候就算想去玩也会因为被生存所困而不得不放弃。

10. 子曰："不愤不启，不悱①不发。举一隅②不以三隅反，则不复也。"——《论语·述而》

【注释】①悱：fěi，想说又不能明确说出来的样子。
　　　　②隅：yú，角落。

【译文】孔子说："教导学生，不到他想弄明白而不得的时候，不去开导他；不到他想说出来却说不出来的时候，不去启发他。教给他一个方面的东西，他却不能由此而推知其他三个方面，那就不再教他了。"

【写给孩子的话】

　　成语"举一反三"就是来源于这段话。孔子教导学生采用的是启发式教学方法，在学生充分进行独立思考的基础上，再对他们进行启发、引导。我们在学习的过程中碰到一些问题，不要还没有思考，就急着向别人询问答案，这样是不可能学会自己解决问题的，也是不可能做到举一反三的。

11. 子贡问曰："孔文子①何以谓之文也？"子曰："敏而好学，不耻下问，是以谓之文也。"——《论语·公冶长》

【注释】①孔文子：卫国大夫孔圉（yǔ），"子"是尊称，"文"是谥号，谥号是根据一个人生前的表现在死后追加的。

【译文】子贡问道："为什么给孔圉一个'文'的谥号呢？"孔子说："他聪敏勤勉而好学，不以向比他地位卑下的人请教为耻，所以他的谥号是'文'。"

【写给孩子的话】

　　成语"不耻下问"就是出自这里。古人说"尺有所短，寸有所长"，即在测量大的物体时尺也会显得很短，在测量小的物体时寸反而会显得很长，以此比喻每个人都有长处和短处。有些同学可能学习成绩一般，但是他的手工制作能力很好，他的口头表达能力很好，这些都是可以向他们学习的，不能因为别人一时的成绩不如自己，就看不起别人，要尽量多学习别人的长处，这样才能不断进步。

12. 曾子曰："以能问于不能，以多问于寡，有若无，实若虚，犯而不校^①——昔者吾友尝从事于斯矣。"——《论语·泰伯》

【注释】①校：jiào，计较的意思。

【译文】曾子说："自己有才能却向没有才能的人请教，自己知识丰富却向知识贫乏的人请教；有学问却像没学问一样，满腹知识却好像很空虚，被人无礼地冒犯也不计较——从前我的一位朋友就是这样做的。"

【写给孩子的话】

　　学者们历来认为曾参说的那位朋友就是颜回。这段话说的是真正有学问的人对待学习的态度，一是勤奋好学，不耻下问；二是谦虚大度，不跟人计较得失。以这两条为标准，努力规范自己的言行，我们也可以成为一个有学问、有修养的人。

13．子曰：“默而识^①之，学而不厌，诲^②人不倦，何有于我哉？”——《论语·述而》

【注释】①识：zhì，记住的意思。
　　　　②诲：huì，教导。

【译文】孔子说：“（把所学的知识）默默记住，努力学习不觉得厌烦，教导别人不知道疲倦，这些事情我做到了哪些呢？”

【写给孩子的话】

　　这是孔子对自己提出的要求，对自己要做到“学而不厌”，对别人要做到“诲人不倦”，这两句话看似简单，其实是很难做到的。比如学习书法，刚开始学习时还抱着好玩的心态，可是学到后面，每天都在不断重复地写那些字，就很容易让人产生厌倦，坚持不了的人就会半途而废，只有怀着“学而不厌”精神坚持学习的人才能成为受人敬佩的书法家。“诲人不倦”现在常用来形容品德高尚的老师，他们每天对着吵吵闹闹的学生，连续几十年，日复一日地给他们传授知识，这种持之以恒的精神普通人是很难拥有的，所以我们要加倍地尊敬老师。

14. 子曰："由，诲汝①知之乎！知之为知之，不知为不知，是智也。"——《论语·为政》

【注释】①汝：rǔ，你。

【译文】孔子说："仲由，我教给你对待知与不知的正确态度吧！知道就是知道，不知道就是不知道，这才是真正的智慧啊！"

【写给孩子的话】

　　学习时最大的危害就是不懂装懂。有时候明明自己没有掌握某个知识点，但是看到其他的同学都掌握了，害怕老师批评，害怕同学嘲笑，就假装自己也明白了。这种自欺欺人的做法是要不得的，看似骗过了别人，其实害了自己。当需要用到这个知识点的时候，别人因为掌握了可以熟练运用，自己却什么也不会，那时后悔也来不及了。

15. 子曰："由也，汝闻六言六蔽矣乎？"对曰："未也。""居，吾语^①汝。好仁不好学，其蔽也愚；好智不好学，其蔽也荡；好信不好学，其蔽也贼；好直不好学，其蔽也绞；好勇不好学，其蔽也乱；好刚不好学，其蔽也狂。"——《论语·阳货》

【注释】①语：告诉。

【译文】孔子说："仲由，你听说过六种品德和六种弊病吗？"子路回答说："没有。"孔子说："坐下，我告诉你。爱仁德而不爱学习，它的弊病是容易受人愚弄；爱耍聪明而不爱学习，它的弊病是行为放荡；爱诚信而不爱学习，它的弊病是（容易被人利用，反而）害了自己；爱直率却不爱学习，它的弊病是尖酸刻薄，对人冷酷；爱勇敢却不爱学习，它的弊病是捣乱闯祸；爱刚强却不爱学习，它的弊病是狂妄无理。"

【写给孩子的话】

仁、智、信、直、勇、刚是孔子推崇的六种品德，但是如果没有好学的精神，这六种品德就会变成六种弊病，我们一个一个来分析。第一，为什么说"好仁不好学"就容易受人愚弄呢？因为一个乐于助人的人，会有很多想占便宜的人来欺骗他，如果他不好学就没有足够的知识，就不能识破坏人的诡计。第二，为什么说"好智不好学"就会行为放荡呢？因为一个爱耍聪明的人如果不好学就不会懂礼貌，就会经常去捉弄别人，招致别人的讨厌。第三，为什么说"好信不好学"反而会害了自己呢？因为一个讲诚信的人如果不好学就没有足够的判断力，就容易被一些不怀好意的人利用，比如坏人把偷来的东西交给他保管，他不加判断老老实实地保管，最后反而会成为坏人的帮凶。第四，为什么说"好直不好学"就会对人冷酷、刻薄呢？因为一个性格直率的人如果不好学就不会懂得谦虚、宽恕，他就会专门挑剔别人的毛病，经常指责别人的过失，对别人的心灵造成伤害。第五，为什么说"好勇不好学"就会捣乱闯祸呢？因为一个勇敢的人如果不好学就不会冷静思考、判断对错，他被一些坏人调唆后，就会不经判断直接冲上去使用暴力，结果让自己变成闯祸的人。第六，为什么说"好刚不好学"就会狂妄无理呢？因为一个脾气很刚硬的人如果不好学就不懂得克制自己，没有包容心，不会迁就别人，一旦有人或事不如他的意，他就会大发脾气，又吵又闹。

16. 子曰："我非生而知之者，好古，敏以求之者也。"——《论语·述而》

【译文】孔子说："我不是生来就有知识的人，而是爱好古代文化，勤奋敏捷去求得知识的人。"

【写给孩子的话】

　　孔子在这段话中述说了自己的学习态度。当我们对某些知识有学习兴趣的时候，就应该全心全意地投入，勤奋地学习这些知识，直至掌握它。那种抱着好玩的态度去学习，碰到困难就甩到一边的人，是没有办法学有所成的。比如，很多人都喜欢画画，但是他们中的大部分人都只是学了些很简单的绘画技巧，一旦学到很难的地方就放弃了，所以真正能成为画家的人其实是很少的。

17. 子曰："盖有不知而作之者，我无是也。多闻，择其善者而从之；多见而识^①之。智之次也。——《论语·述而》

【注释】①识：zhì，记住的意思。

【译文】孔子说："有这样一种人，他什么都不懂却在那里凭空臆造，我没有这样的缺点。多听，选择其中好的来学习；多看，全部记在心里。这就是次一等的智慧。"

【写给孩子的话】

当时的人认为最高明的智慧是"生而知之"，就是生下来便什么都懂；次一等的智慧是"学而知之"，就是通过学习掌握知识，孔子认为自己就是这种人，他在这里说明了自己对待知识的态度和获取知识的方法。对待知识，不能自己凭空乱想，要脚踏实地学习，比如见到生字时，不要想当然乱读，而应该查字典，找到正确的读音。学习知识的方法，简单来说就是多听名师的讲座，多听优秀同学的讨论，多看有意义的书籍，选择其中好的知识来学习，然后把它们牢牢记住。

18. 叶公①问孔子于子路，子路不对。子曰："汝奚不曰，其为人也，发愤忘食，乐以忘忧，不知老之将至云尔。"——《论语·述而》

【注释】①叶公：叶公氏沈，名诸梁，字子高，楚国的大夫，封地在叶城（今河南省叶县南），所以叫叶公。

【译文】叶公问子路孔子是个什么样的人，子路不知道怎样回答。孔子（对子路）说："你为什么不这样说，他这个人，发愤学习而忘记了吃饭，安贫乐道而忘记了忧愁，连自己快要老了都不知道，如此而已。"

【写给孩子的话】

这是孔子对自己的学习态度和为人处世方法的总结。孔子是十分热爱学习的，他认为学习不但能够让人获得知识，而且可以给人带来快乐。比如我们学习了音乐后，就可以演奏自己喜欢的歌曲，甚至创作自己喜欢的乐曲，这不就是孔子说的"乐以忘忧"吗？

19. 子曰："吾十有①五而志于学，三十而立，四十而不惑，五十而知天命，六十而耳顺，七十而从心所欲，不逾矩。"——《论语·为政》

【注释】①有：就是"又"字，古人在高位数和低位数中间多用"有"字，不用"又"字。

【译文】孔子说："我十五岁立志于学习；三十岁（学习了礼仪），说话做事都能有把握；四十岁（掌握了各种知识），能不被外界事物所迷惑；五十岁能穷理尽性，明白万事万物之所以然；六十岁能从别人的言语中分辨出真假、是非；七十岁能随心所欲而不越出规矩。"

【写给孩子的话】

我们现在称三十岁为"而立之年"，四十岁为"不惑之年"，五十岁为"知天命之年"，六十岁为"耳顺之年"，就是出自这里。这段话是孔子对自己毕生的总结，古人说"活到老，学到老"，古代的学者认为学习是贯穿人的一生的。只有不断地学习，人才能丰富自己的知识，增长自己的智慧，最终达到孔子所说的"从心所欲，不逾矩"的境界。

第二章　尊孝篇

1. 子曰："事父母几①谏，见志不从，又敬不违，劳而不怨。"——《论语·里仁》

【注释】①几：轻微、婉转。

【译文】孔子说："侍奉父母，（如果父母有不对的地方）要委婉地劝说他们，如果自己的意见父母没有听从，还是要对他们恭恭敬敬，不触犯他们，替他们操劳而不怨恨。"

【写给孩子的话】

　　孔子认为孝是最基本的道德，是所有道德的基础，古人说"百善孝为先"就是这个意思。父母和我们一样都是普通人，他们也会犯错，当他们做得不对的时候，我们要有礼貌地向他们提出来，不能对父母大吼大叫，也不能因为父母没有听自己的，就和他们闹别扭。尤其当我们向爸爸妈妈讨要自己喜欢的东西，而他们没有满足时，更不能因为他们没有如自己的意，就对他们有怨恨。比如有的人想让爸爸妈妈给自己买个喜欢的手机，可是爸爸妈妈出于某些原因拒绝了，他就在家里大吵大闹，对待父母像仇人一样。不管爸爸妈妈和自己的意见是不是相同，不管爸爸妈妈有没有满足自己的要求，我们都要恭恭敬敬地孝顺他们，关心他们，为他们分忧，因为爸爸妈妈永远是最爱我们的人。

2. 子曰："父母在，不远游，游必有方。"——《论语·里仁》

【译文】孔子说："父母在世，不出远门，如果不得已要出远门，也必须有明确的方向。"

【写给孩子的话】
　　孔子这段话的意思是说，如果没有非常要紧的事，就不要出远门，多陪父母，让他们可以安享晚年。古时候的交通和通信不发达，出一趟远门可能要几年后才能回来，而且也很难和家人联系，如果父母在家出了事，出远门的人是没有办法及时知道的，就算知道了也没有办法很快赶回来，所以孔子才会说这些话。现在的科技发达了，我们即使在国外也能经常和爸爸妈妈保持联系，也可以很快地乘坐飞机、火车回家。但是，就因为有这种想法，我们反而越来越少和爸爸妈妈交流，越来越少和爸爸妈妈一起出去游玩。作为子女的我们，在和朋友一起玩耍的时候，也要记得多陪陪爸爸妈妈，陪他们聊天，陪他们游玩，这也是孝顺父母的一种方式。

3. 子曰："父母之年，不可不知也。一则以喜，一则以惧。"——《论语·里仁》

【译文】孔子说："父母的年纪，不能不时时记在心里。一方面为他们的长寿而高兴，一方面又为他们的衰老而忧惧。"

【写给孩子的话】

　　爸爸妈妈从来不会忘记我们的生日，作为子女的我们，也必须牢牢记住父母的生日。每年爸爸妈妈过生日的时候，我们都要为他们献上祝福，最好还能送些自己亲手做的小礼物。另一方面，爸爸妈妈每过一次生日，就会衰老一岁，我们更要关心他们的身体，多帮他们分忧，让他们能一直保持健康的身体和快乐的心情。

4. 孟武伯问孝。子曰："父母唯其疾之忧。"——《论语·为政》

【译文】孟武伯向孔子请教孝道。孔子说："对待父母要特别为他们的疾病担忧。"

【写给孩子的话】

　　我们生病的时候，爸爸妈妈都特别担心，饭也吃不好，觉也睡不好。换位思考，如果爸爸妈妈生病了，我们会做些什么呢？是继续和伙伴们一起去玩，还是在家里照顾爸爸妈妈，帮他们分担家务呢？随着岁数的增长，爸爸妈妈会越来越衰老，身体会越来越差，我们要特别关注他们的健康，不要惹他们生气，爸爸妈妈健康平安，我们的家就会幸福快乐。

5. 子游问孝。子曰："今之孝者，是谓能养。至于犬马，皆能有养；不敬，何以别乎？"——《论语·为政》

【译文】子游问什么是孝。孔子说："现在所谓的孝，只是说能够赡养父母便足够了。然而，就是犬马都能够得到饲养，如果不全心全意孝敬父母，那么赡养父母与饲养犬马又有什么区别呢？"

【写给孩子的话】

　　有的人就觉得爸爸妈妈生了自己，所以他们全心全意付出是应该的，自己得到享受是理所当然的，因此对爸爸妈妈没有或者很少有感恩的心意。在他们看来，孝敬爸爸妈妈和照顾小猫、小狗那些宠物差不多，只要给他们吃饱穿暖就可以了，其他的什么都不用管，孔子批评的就是这种人。爸爸妈妈为了把我们抚养长大，全心全意地付出，虽然他们从不要求任何回报，但是我们要想想，爸爸妈妈为了让我们能够得到更好的生活，每天努力工作赚钱；我们生病了，爸爸妈妈不眠不休地照顾我们，让我们能早日康复；作为子女的我们，难道不该全心全意报答他们吗？如果连孝顺父母都做不到，那么一个人是不可能取得成就的。

第三章 仁德篇

1. 子贡曰："如有博施于民而能济众，何如？可谓仁乎？"子曰："何事于仁！必也圣乎！尧舜其犹病诸！夫①仁者，己欲立而立人，己欲达而达人。能近取譬②，可谓仁之方也已。"——《论语·雍也》

【注释】①夫：fú，文言发语词，没有实际意思。
　　　　②譬：打比方。

【译文】子贡说："假若有这样一个人，他能给人民很多好处，又能帮助大家生活得很好，怎么样？他可以算是仁人了吗？"孔子说："岂止是仁人，简直是圣人了！这些连尧、舜都担忧自己做不到呢！仁人，就是自己想树立的也帮助别人树立，自己想达到的也帮助别人达到。能够这样将心比心地对待他人，就可以说是实践仁德的方法了。"

【写给孩子的话】

　　"仁"本来是指人与人之间相互友爱，是古代一种含义非常广泛的道德品质，孔子丰富了"仁"的内涵，将

"仁"作为最高的道德境界。在这段对话里，孔子说明了他心目中仁人的标准，而且还提到了比仁人更贤德的圣人的标准。

我们要努力提高自己的思想品德，让自己成为一个有道德的人。那怎么样才能成为一个有道德的人呢？我们简单总结一下孔子的话，就是舍己为人。如果我们多帮助有困难的人，把自己的好东西分享给有需要的人，从不去占别人的便宜，一直这样要求自己，就能够成为一个有道德的人。

2. 子张问仁于孔子。孔子曰："能行五者于天下为仁矣。""请问之。"曰："恭、宽、信、敏、惠。恭则不侮，宽则得众，信则人任焉，敏则有功，惠则足以使人。"——《论语·阳货》

【译文】子张向孔子问什么是仁人。孔子说："能够处处践行五种品德，就是仁人了。"子张说："请问是哪五种？"孔子说："恭敬、宽厚、诚实、勤敏、慈惠。恭敬就不致遭受侮辱，宽厚就会得到众人的拥护，诚实就能得到别人的信任，勤敏就会提高工作效率，慈惠就能够让人为自己效力。"

【写给孩子的话】

　　这段话里孔子说明了仁人为人处世应该具备的五种品德。"恭"就是为人公平，处事公道，不吹牛，不说别人的坏话。"宽"就是待人宽容大度，不嫉妒别人，不和人斤斤计较，自己的事情没做好不迁怒别人，别人对自己做了不好的事能原谅别人，不记仇。"信"就是诚实守信，不欺骗别人，不隐瞒错误，答应别人的事一定要做到，做不到的不随便答应别人。"敏"就是勤快细心，做事时一鼓作气，不拖拖拉拉，不偷懒，做事的过程中不慌不忙，一丝不苟。

　　"惠"就是对人有爱心，给予需要帮助的人恩惠，说话做事时多为别人考虑，不自私自利，不占别人的便宜。

3. 颜渊问仁。子曰："克己复礼为仁。一日克己复礼，天下归仁焉。为仁由己，而由人乎哉？"颜渊曰："请问其目。"子曰："非礼勿视，非礼勿听，非礼勿言，非礼勿动。"颜渊曰："回虽不敏，请事斯语矣！"——《论语·颜渊》

【译文】颜渊问怎样做才是仁。孔子说："克制自己的私欲，言语行动都合于礼，这就是仁。一旦做到了克制自己的私欲，言语行动都合于礼，天下的人就会称许你是仁人。实践仁德，完全在于自己，难道还在于别人吗？"颜渊说："请问行动的纲领是什么？"孔子说："不合于礼的不要看，不合于礼的不要听，不合于礼的不要说，不合于礼的不要做。"颜渊说："我虽然愚笨，但也要照您的话去做。"

【写给孩子的话】

成语"克己复礼"就是出自这里，"非礼勿视，非礼勿听，非礼勿言，非礼勿动"也是后人经常引用的名句。从这段话里孔子告诉我们，有仁德的人是无私的，他的言行举止是有礼貌的。那么怎么做一个有礼貌的人呢？具体来说就是：不去偷看别人的隐私，比如不随便看别人的日记，不随便拆别人的信件；不去偷听别人的私话，比如不要去偷听长辈的谈话，不要去偷听别人打电话时说的悄悄话；不说别人的坏话，比如即使有同学做了错事，也不要在背后和其他人议论、批评他；不做会损害别人利益的事，比如未经别人同意不要随便去动他的物品，假如不小心弄坏了，对他来说也许就是一个很大的损失。如果能做到这些，那么就是一个有礼貌的人了。

4. 司马牛问仁。子曰："仁者，其言也讱①。"曰："其言也讱，斯谓之仁矣乎？"子曰："为之难，言之得无讱乎？"——《论语·颜渊》

【注释】①讱：rèn，话难说出口，引申为说话谨慎。

【译文】司马牛问怎样做才是仁。孔子说："仁人说话是慎重的。"司马牛说："说话慎重，这就叫作仁了吗？"孔子说："做起来很困难，说起来能不慎重吗？"

【写给孩子的话】

司马牛听了孔子的话，以为只要说话慎重就可以成为仁人了，孔子就告诫他，不要以为知道方法就可以做得到，其实要成为仁人是很困难的。这段话告诉我们，要想把事情做好，不能只停留在口头上，要认认真真地去做，不能说大话、空话。比如你经常说要帮爸爸妈妈做家务，可是当爸爸妈妈真的在做家务的时候，你却躺在沙发上看电视，找各种理由不肯做，这就是"说话的巨人，行动的矮子"。如果有类似的坏毛病，那就一定要改正。

5. 樊迟问仁。子曰："居处恭，执事敬，与人忠。虽之夷狄，不可弃也。"——《论语·子路》

【译文】樊迟问怎样才是仁。孔子说："在家规规矩矩，办事严肃认真，对人忠心有诚意。即使到了蛮荒之地，也不可背弃这一原则。"

【写给孩子的话】

　　这段话的意思是，有道德的人行为规矩，做事认真，待人友善，即使到了没有人认识他的地方也不会改变。在学校有老师监督，你可以做到遵守纪律，认真学习，不和同学争吵；在家里有父母监督，你也可以做到规规矩矩，认真完成作业，尊敬长辈。可是一旦到了一个没有人认识自己的地方，没有人监督，你就有可能放纵自己，不顾及别人，和别人争抢东西，四处打闹。比如有些人在国内读书一直都是名列前茅的好学生，长大后到国外留学，没有了父母的监督，国外的老师也不管，他就放纵自己，不认真学习，整天玩乐，很快就变成了不思进取的学生，甚至还有可能被学校开除。所以，遵守道德是要一直坚持的，不能因为外部环境改变就降低对自己的要求。

6. 樊迟问仁。子曰："爱人。"问智。子曰："知人。"樊迟未达。
子曰："举直错诸枉,能使枉者直。"——《论语·颜渊》

【译文】樊迟问什么是仁。孔子说："爱人。"樊迟问什么是智。孔
　　　子说："了解人。"樊迟还不明白。孔子说："选拔正直的
　　　人,让他的地位在邪恶的人之上,能够使邪恶的人正直。"

【写给孩子的话】

　　孔子认为"仁"就是博爱大众,对世界充满爱心;
"智"就是善于识别好人、坏人。樊迟不理解,他大概觉得
既然博爱所有的人了,为什么还要去区分他们当中哪些是好
人,哪些是坏人呢?孔子就进一步解释说,人有好有坏,要
把他们识别出来,让好人做坏人的榜样,这样坏人受到好人
的感化,慢慢也会变成好人了。对于我们来说,首先要有爱
心,做到关爱身边的人,然后要增长自己的智慧,能区分品
德好的人和品德不好的人,帮助、宣传品德好的人,使他们
成为大家的榜样,让品德不好的人也能够跟着进步。

7. 子贡问为仁。子曰："工欲善其事，必先利其器。居是邦也，事其大夫之贤者，友其士之仁者。"——《论语·卫灵公》

【译文】子贡问怎样实行仁德。孔子说："工匠要做好他的工作，必须先准备好他的工具。我们待在一个国家，就要敬奉那些大官中的贤者，结交那些士人中的仁者。"

【写给孩子的话】

"工欲善其事，必先利其器"是后人经常引用的名句，现在比喻要做好一件事，必须先把准备工作做好。这段话的意思是，要想成为一个有道德的人，你要先把准备工作做好。准备什么呢？就是要和品德高尚的人交朋友，向他们学习，这样你才能成为像他们一样的人。古人有句话叫"近朱者赤，近墨者黑"，说的也是这个意思。在交朋友的时候一定要特别注意，有的人经常偷别人的东西，和别人斗嘴吵架，到处散播别人的谣言，这样的人品德就是低下的，要远离他；而有的人经常帮助别人，说话和气不吵架，从不在背后说人坏话，这样的人品德就是优秀的，要多和他接近，和他成为朋友，向他学习。

8. 子夏曰："博学而笃志，切问而近思，仁在其中矣。"——《论语·子张》

【译文】子夏说："广泛地学习，坚守自己的志趣，恳切地发问，多考虑当前的问题，仁德就在其中了。"

【写给孩子的话】

　　这段话的意思是，要想成为一个道德高尚的人，就要多学习，多思考。仔细观察周围品德好的人，你会发现他们有一些共同点，那就是好学。有不懂的会虚心向别人请教，善于思考，这都是值得学习的优点。

9. 子曰："刚、毅、木、讷①近仁。"——《论语·子路》

【注释】①讷：语言迟钝。

【译文】孔子说："刚强、坚毅、朴实、谨慎，有这四种品德的人近于仁德。"

【写给孩子的话】

　　刚强的人不怕威胁；坚毅的人不受诱惑，办事果断；朴实的人做事总是身体力行；谨慎的人能够坚守正道。因此孔子认为拥有这四种品德的人接近于仁人。举例来说，在学校里不怕坏同学的欺负和威胁，敢和他们抗争，这就是"刚"；别人在玩的时候，自己认认真真学习，不受别人的影响，这就是"毅"；在劳动的时候，总是尽量多做事，任劳任怨，这就是"木"；不占别人的便宜，不说别人的闲言碎语，这就是"讷"。

10. 子曰："唯仁者能好①人，能恶②人。"——《论语·里仁》

【注释】①好：hào，喜爱。

　　　　②恶：wù，讨厌。

【译文】孔子说："只有那些有仁德的人，才能（以正确的态度）喜爱某人，才能（以正确的态度）厌恶某人。"

【写给孩子的话】

　　孔子认为有仁德的人公正无私，不会受到世俗的影响，能够以正确的态度看待别人。我们看一个人，很难做到公正无私，比如一个人和你关系很好，即使他做了错事，你也会觉得没什么大不了；而如果是一个和你关系不好的人做了同样的错事，你就会觉得他罪不可恕，必须要狠狠地惩罚。其实他们犯的错都是一样的，只是因为你跟他们的私人关系有的好，有的不好，所以才会出现不一样的判断。要成为一个有道德的人，就必须对事不对人，以公正无私的态度来对待每一个人。你喜欢的人做了错事，你要批评他；你不喜欢的人做了好事，你要表扬他。这样大家才会信服你。

11. 子曰："苟志于仁矣，无恶也。"——《论语·里仁》

【译文】孔子说："如果立定志向实行仁德，就不会做坏事了。"

【写给孩子的话】

　　如果一个人心里总是想着怎么帮助别人，怎么提高自己的道德修养，那他就不会有作恶的念头，也就不会去做坏事。

---

12. 子曰："志士仁人，无求生以害仁，有杀身以成仁。"——《论语·卫灵公》

【译文】孔子说："有崇高理想和高尚品德的人，没有贪生怕死而损害仁德的，只有牺牲自己的生命来成全仁德的。"

【写给孩子的话】

成语"杀身成仁"就是出自这里。这段话的意思是说，当必须牺牲自己成全仁德的时候，有道德有理想的人是甘愿牺牲自己生命的。对于我们来说，牺牲生命这种事是不会发生的，但是牺牲自己的利益却可能会发生，比如说，我们在公共汽车上把座位让给需要帮助的人，这就是一件牺牲自己的利益成全仁德的事。

13. 子曰："当仁，不让于师。"——《论语·卫灵公》

【译文】孔子说："面对仁德，就是老师，也不同他谦让。"

【写给孩子的话】

　　成语"当仁不让"就是出自这里。孔子这是在鼓励后辈，要他们超越前辈去实行仁德，因为他认为"仁"是最崇高的道德品质，努力实行仁德就可以促进社会的进步，而这正是他这个老师所期望见到的。对我们来说也是一样，老师其实是非常期望我们能超越他的，不论是学习还是品德，我们不但要以老师为榜样，而且要以超越老师为目标，这才是对老师辛苦付出最好的回报。

14. 子曰："智者不惑，仁者不忧，勇者不惧。"——《论语·子罕》

【译文】孔子说："有智慧的人不会迷惑，有仁德的人不会忧愁，有勇气的人不会畏惧。"

【写给孩子的话】

有智慧的人不会迷惑，是因为他通过学习，明白了一切事物的真相。有仁德的人不会忧愁，是因为他心中无私，不管做什么都是以公平、公正的态度来处理。有勇气的人不会畏惧，是因为他敢于献身，所以碰到困难不会退缩。

15. 子曰："智者乐水，仁者乐山。智者动，仁者静。智者乐，仁者寿。"——《论语·雍也》

【译文】孔子说："有智慧的人喜爱水，有仁德的人喜爱山。有智慧的人喜欢活跃，有仁德的人喜欢沉静。有智慧的人快乐，有仁德的人长寿。"

【写给孩子的话】

有智慧的人喜欢运用自己的才智去解决问题，思想像流水一样奔流不息，所以他喜爱水；有仁德的人像苍山一样安稳，对人平和，处事厚道，所以喜爱山。有智慧的人思维灵活，不断钻研进取，所以喜欢活跃；有仁德的人没有私欲，做事稳重，所以喜欢沉静。有智慧的人能够实现自己的愿望，所以他快乐；有仁德的人性格随和不与人争斗，所以他长寿。

16. 子曰："有德者必有言，有言者不必有德。仁者必有勇，勇者不必有仁。"——《论语·宪问》

【译文】孔子说："有道德的人必定会说好话，但会说好话的人不一定有道德。有仁德的人一定勇敢，但勇敢的人不一定有仁德。"

【写给孩子的话】

　　有道德的人一定会说好话，因为他要维护和宣扬正义；但会说好话的人不一定有道德，因为有些人只会夸夸其谈，只会用花言巧语去骗人。有仁德的人一定勇敢，因为他无私无畏；但勇敢的人不一定有仁德，因为有些人只是逞强好斗。

---

17. 子曰："德不孤，必有邻。"——《论语·里仁》

【译文】孔子说："有道德的人是不会孤单的，一定会有志同道合的
　　　　人（来与他做伙伴）。"

【写给孩子的话】
　　有时候你做好事，没有其他人来帮你，你会觉得自己很孤单，当很多次都是这种情况的时候，你甚至会有"凭什么他们不做，我还来做呢"这种想放弃的念头，但是当你坚持下去，你就会发现有越来越多的人受到你的感染，加入你，和你一起做好事，成为你的伙伴。

18. 子曰："里仁为美。择不处^①仁，焉得智？" ——《论语·里仁》

【注释】①处：居住。

【译文】孔子说："跟有仁德的人住在一起，才是好的。如果你选择的住处不是跟有仁德的人在一起，怎么能说你是明智的呢？"

【写给孩子的话】

　　跟有仁德的人做邻居，能够从日常和他的相处中，学到他优秀的品德，如果是跟一个道德低下的人做邻居，就有可能受到他的影响，学到一些恶习。孔子之后儒家学派的另一位大思想家是孟子，他小时候，居住的地方离墓地很近，孟子学了些祭拜之类的事，玩起办理丧事的游戏。他的母亲说："这个地方不适合孩子居住。"于是将家搬到集市旁。结果孟子又去跟别人学做生意，学了一些坑蒙拐骗的伎俩，孟子的母亲又说："这个地方还是不适合孩子居住。"又将家搬到学校旁边。孟子在这里学习了礼仪知识，孟子的母亲说："这才是适合孩子居住的地方。"就在这里定居下来了。孟子长大成人后，学成六艺，获得了大儒的名望。

19. 子曰："不仁者不可以久处①约，不可以长处乐。仁者安仁，智者利仁。"——《论语·里仁》

【注释】①处：居住。

【译文】孔子说："没有仁德的人不能长久地处在贫困中，也不能长久地处在安乐中。有仁德的人安于仁（实行仁德便心安，不实行仁德心便不安），有智慧的人利用仁（他认识到仁德对他有长远而巨大的利益，他便实行仁德）。"

【写给孩子的话】

　　孔子认为，没有仁德的人长期穷困就会起偷盗抢劫之心，长期安乐就会过上奢侈的生活，放纵自己。有道德的人和有智慧的人才能明白"仁"对自己的益处，才会去践行仁德。

20. 子曰："巧言令色，鲜①矣仁！"——《论语·学而》

【注释】①鲜：xiǎn，少。

【译文】孔子说："花言巧语，装出善良的样子，这种人的仁德之心是很少的。"

【写给孩子的话】

"巧言令色"这个成语就是出自这里。有仁德的人正直无私、真诚爱人，而花言巧语、伪装善良的人是没有仁德的，他们用好听的话百般逢迎别人，然后装成善良的人去欺骗别人，这种小人对社会的危害很大，是大家深恶痛绝的。

第四章　君子篇

1.孔子曰："君子有九思：视思明，听思聪，色思温，貌思恭，言思忠，事思敬，疑思问，忿思难①，见得思义。"——《论语·季氏》

【注释】①难：灾难。

【译文】孔子说："君子有九种思虑：看的时候，要考虑看明白了没有；听的时候，要考虑听清楚了没有；脸色有变化时，要考虑是否温和；表现态度时，要考虑是否庄重恭敬；说话时，要考虑是否忠信；办事时，要考虑是否严肃认真；遇到疑问时，要考虑怎样向别人请教；发怒时，要考虑会不会产生什么后患；获取财利时，要考虑是不是合乎道义。"

【写给孩子的话】

"君子"本来是指国君之子，因为在古代只有国君之子才能得到最好的教育，所以他的学识和品德往往也是很高的，后来则将品德高尚的人尊称为"君子"。孔子理想中的君子是拥有仁德的人，是道德高尚的人。这段话告诉我们，对生活中的问题要认真思考，这样才能把事情处理得当，并且完善自己的品德。

2. 子曰："富与贵,是人之所欲也;不以其道得之,不处也。贫与贱,是人之所恶①也;不以其道得之,不去也。君子去仁,恶②乎成名?君子无终食之间违仁,造次必于是,颠沛必于是。"——《论语·里仁》

【注释】①恶:讨厌,厌恶。

②恶:表示疑问,相当于"何""怎么"。

【译文】孔子说:"富裕和显贵是人人都想要得到的,但不用正当的方法得到它,君子就不会接受。贫穷与低贱是人人都厌恶的,但不能用正当的方法去摆脱它,君子就不去摆脱。君子抛弃了仁德,又怎么能叫君子呢?君子没有一顿饭的时间是背离仁德的,就是在最急迫仓促的时刻也必须按照仁德办事,就是在颠沛流离的时候,也一定会按仁德去办事的。"

【写给孩子的话】

　　这段话的意思是,在任何时候、任何情况下都不要为了自己的小利而去做违背道德的事。比如老师布置了写作文的家庭作业,但是你不想动脑筋去完成,为了第二天能按时交作业,你就去抄袭参考书上的答案。这样做虽然按时交了作业,但是欺骗了老师和父母,这种行为就是违背道德的,是不应该去做的。

3. 子曰："君子之于天下也，无適①也，无莫②也，义之于比③。"
——《论语·里仁》

【注释】①適（dí）：亲近，厚待。

②莫：疏远，冷淡。

③比：挨着，靠近。

【译文】孔子说："君子对于天下的事情，没有规定该怎样做，也没有规定不该怎样做，而是怎样合理恰当便怎样做。"

【写给孩子的话】

这段话的意思是，君子心中没有成见，能根据实际情况做出正确的判断，该怎样做就怎样做。我们经常会遇到一些从未经历过的事，发生的时候往往不知所措，但是只要以学习到的知识和正确的道德观来判断，就可以把事情处理好。比如你在路上遇到有老人摔倒，想去帮助他，但是又怕遇到新闻里说的假装摔倒的骗子，这个时候你可以根据家长、老师和新闻报道所提示的，请同伴或者一位路过的好心人来做证，证明不是你撞倒了老人，然后再帮助他，这才是恰当的做法。

4. 子曰："君子不重则不威，学则不固。主忠信。无友不如己者。过则勿惮①改。"——《论语·学而》

【注释】①惮：害怕。

【译文】孔子说："君子，如果不庄重，就没有威严，即使读了书，所学的知识也巩固不了。要以忠和信两种道德为主。不要跟不如自己的人交朋友。有了过错，就不要怕改正。"

> 【写给孩子的话】
>
> 　　这段话说的是君子提高道德修养的方法。一个人的言行举止要庄重，否则即使有很高的学问，也只是一个伪君子。忠诚可靠，讲信用，是与人相处的基本道德。和道德不如自己的人交朋友，有可能会受到不良的影响。比如有的人经常说脏话，你跟他相处久了，自然而然地也会满口脏话，变成一个被大家讨厌的人。所以我们要远离这些人，要和道德比自己高尚的人交朋友，学习他们的优良品德。一个人不可能没有过错，有了过错迅速改正，从中吸取教训，以后就不会再犯错；而有了过错害怕改正，错误就会越来越严重，甚至发展到不可挽救的地步。比如你读书写字时驼背低头，爸爸妈妈提醒你矫正姿势，可是你觉得挺胸抬头坐着不舒服，不愿改正，时间久了，就会变成近视眼，那时再想改正也晚了。

5. 子曰:"君子食无求饱,居无求安,敏于事而慎于言,就有道而正焉,可谓好学也已。"——《论语·学而》

【译文】孔子说:"君子,饮食不要求饱足,居住不要求舒适,工作勤劳敏捷,说话小心谨慎,到有道的人那里去匡正自己,这样可以说是好学了。"

【写给孩子的话】

  这段话的意思是,不要贪图享受,要致力于学习。比如同学之间不要去比较谁穿的衣服鞋子贵,谁家的房子又大又豪华,谁家有钱,谁的父母官大……这些对掌握知识是没有帮助的,我们应该互相比较谁的作业写得更好,谁的字写得更漂亮,谁上课更认真听讲……然后向比自己好的同学学习,这样才能成为一个好学的人,成为一个真正掌握知识的人。

6. 子曰：“质胜文则野，文胜质则史。文质彬彬，然后君子。”
——《论语·雍也》

【译文】孔子说：“朴实多于文雅，就未免粗野；文雅多于朴实，又未免虚浮。只有文雅和朴实配合恰当，这才是个君子。”

【写给孩子的话】

　　成语“文质彬彬”就出自这里。这段话的意思是，君子的谈吐既要文雅有礼，又要朴实不浮夸。就是说我们和其他人交谈的时候，既要讲礼貌，又要谈吐有物，不要说假话、空话，能做到这些，就是文质彬彬了。

7. 子曰："君子博学于文，约之以礼，亦可以弗叛矣夫！"——《论语·雍也》

【译文】孔子说："君子广泛地学习文化典籍，又以礼来约束自己，也就不会离经叛道了。"

【写给孩子的话】

　　这段话告诉我们要学礼守礼。我们在学校里跟老师学习礼仪品德，说话做事遵守老师的教导，规范自己的言行，就能成为一个有礼貌的人。

8. 子曰："恭而无礼则劳，慎而无礼则葸①，勇而无礼则乱，直而无礼则绞。君子笃于亲，则民兴于仁；故旧不遗，则民不偷。"——《论语·泰伯》

【注释】①葸：xǐ，害怕，畏惧。

【译文】孔子说："只是恭敬而不用礼来指导，就会徒劳无功；只是谨慎而不用礼来指导，就会畏惧；只是勇猛而不用礼来指导，就会混乱；只是心直口快而不用礼来指导，就会说话刻薄。君子如果厚待自己的亲属，那么老百姓中就会兴起仁厚的风气；君子如果不遗弃老朋友，那么老百姓就不会对人冷漠无情了。"

【写给孩子的话】

　　这段话前四句谈的是不按礼办事带来的各种弊病，后四句谈的是君子应该为老百姓树立好榜样。对人恭敬过度，总是点头哈腰，鞠躬致敬，但对他人没有发自内心的尊重，这种表面的客气是虚伪的，是徒劳无功的；做事谨慎过度，该承担的也躲着不去承担，这样就会变得畏畏缩缩，胆小怕事；勇敢过度，就会争强好胜，到处惹是生非；说话率直过度，就会说出不中听的话，得罪别人。比如你考试考了第一名，放学后看到同学因为没考好，他的妈妈在批评他，你过去对同学说："没关系，你考及格了。"这样只会让同学的妈妈更生气，同学也会因为觉得你在说风凉话而讨厌你。

9. 子曰："君子义以为质，礼以行之，逊以出之，信以成之。君子哉！"——《论语·卫灵公》

【译文】孔子说："君子（做事情）以合宜为原则，依礼节实行它，用谦逊的语言来说出它，用诚实的态度来完成它，这就是君子了。"

【写给孩子的话】

　　这段话说的是君子办事的方法。做事情要做得恰到好处，不要做得不够，也不要做得过度。比如同学向你请教问题，你既不能嫌麻烦不理他，也不能直接告诉他答案或者帮他把题目做了，而是应该告诉他解答问题的方法，这就是恰到好处。

10. 子曰："君子贞而不谅。"——《论语·卫灵公》

【译文】孔子说："君子固守正道而不拘泥于守小信。"

【写给孩子的话】

这段话的意思是，做正确事情的时候可以适当用一些手段。比如我们都知道说谎是不好的，但是当我们遇到坏人时，可以用一些谎话骗过他，从而保护自己和其他人。

11. 子曰："君子病无能焉，不病人之不己知也。"——《论语·卫灵公》

【译文】孔子说："君子只担心自己没有才能，不担心别人不知道自己。"

【写给孩子的话】

　　这段话告诉我们，要努力增长自己的才能，如果自己真正有才能，终究会被别人了解，即使别人不了解，自己做出了贡献，也可以问心无愧。比如说你努力学习了一种乐器，虽然它不能给你的考试加分，但是当伙伴们在一起玩耍的时候，你可以弹奏它让大家享受到美妙的音乐，让大家获得快乐，大家了解到你的才能后，就会欣赏你，佩服你。

12. 子曰："君子疾没世^①而名不称焉。"——《论语·卫灵公》

【注释】①没世：死亡之后。

【译文】孔子说："君子担心死后名声不为人们所称颂。"

【写给孩子的话】

　　这段话告诉我们，要在有限的生命里取得一定的成就，这样才不会虚度生命。

13. 子曰："君子矜①而不争，群而不党。"——《论语·卫灵公》

【注释】①矜：庄重。

【译文】孔子说："君子庄重而不与别人争执，合群而不与人勾结。"

【写给孩子的话】

　　这段话说的是君子在与人相处时所秉持的原则。我们在和别人相处时难免会有分歧，这时应该保持礼貌，不要和别人争执，及时转移话题或者离开，然后再静下来思考消除分歧的办法。在和朋友相处时，要和她们团结，但是不能一群人合伙去欺负其他的人，更不能合伙去做坏事。

14. 子曰："君子不以言举人，不以人废言。"——《论语·卫灵公》

【译文】孔子说："君子不因为一个人说的话好听就推荐他，也不因为一个人不好而不采纳他的好话。"

【写给孩子的话】

　　这段话说的是君子要善于观察他人的言行。比如班上选举班干部，你不能因为和某个同学是好朋友就盲目地推荐他，而应该推荐最适合这个岗位的同学；同样，你也不能因为和某个同学关系不好，明知道他可以胜任这个岗位也不推荐他。这些都是损害集体利益的自私行为。

15. 子曰："君子欲讷^①于言而敏于行。"——《论语·里仁》

【注释】①讷：语言迟钝。

【译文】孔子说："君子说话要谨慎，而行动要敏捷。"

【写给孩子的话】

　　这段话告诉我们，自己说出的话一定要马上去做，要少说空话，多做实事。比如你想早睡早起，锻炼身体，可是每天早上闹钟响时，却总是找各种借口窝在被子里睡懒觉，这就是说空话的表现了。

16. 子曰："君子耻其言而过其行。"——《论语·宪问》

【译文】孔子说："君子认为说得多而做得少是可耻的。"

【写给孩子的话】

　　这段话的意思是说，做人要言行一致，说到做到。比如你想写出非常漂亮的字，那么就得每天练习，而且在做作业的时候也要写得工工整整，不能每天都喊着"我要把字写好"，但是一拿起笔就犯懒，把字写得歪歪斜斜。这就是言行不一致，说得多做得少。

17. 子贡问君子。子曰："先行其言而后从之。"——《论语·为政》

【译文】子贡问怎样才能做一个君子。孔子说："对于你要说的话，先实行了，再说出来（这就可以说是一个君子了）。"

【写给孩子的话】

　　这段话告诉我们，做事要先做后说，不要夸夸其谈。比如你打算开始练习毛笔书法，想好了就要马上去做，每天制订并完成学习计划，当你的练习有一定成果的时候，再去和其他人说。如果你还没有开始做，就到处跟别人吹牛，但又完成不了，到时就会被别人嘲笑，以后别人也不会再相信你说的话了。

18. 司马牛问君子。子曰："君子不忧不惧。"曰："不忧不惧，斯谓之君子矣乎？"子曰："内省①不疚，夫何忧何惧？"——《论语·颜渊》

【注释】①省：xǐng，自我检查。

【译文】司马牛问怎样做一个君子。孔子说："君子不忧愁，不恐惧。"司马牛说："不忧愁，不恐惧，这样就可以叫作君子了吗？"孔子说："自己问心无愧，那还有什么可以忧愁和恐惧的呢？"

【写给孩子的话】

　　这段话的意思是，君子胸怀坦荡，问心无愧，所以不忧不惧。比如你同桌的钢笔不见了，他怀疑是你拿的，你没有做过这种偷偷摸摸的事，当然可以理直气壮地反驳。就是因为你问心无愧，所以才不担心别人指责你，也不害怕别人指责你。

19. 司马牛忧曰："人皆有兄弟，我独无。"子夏曰："商闻之矣：死生有命，富贵在天。君子敬而无失，与人恭而有礼，四海之内，皆兄弟也。君子何患乎无兄弟也？"——《论语·颜渊》

【译文】司马牛忧愁地说："别人都有兄弟，唯独我没有。"子夏说："我听说过：死生听之命运，富贵由天安排。君子只要对待所做的事情严肃认真而不出差错，对人恭敬而合乎礼节，那么，天下人就都是自己的兄弟了。君子何愁没有兄弟呢？"

【写给孩子的话】

　　"四海之内皆兄弟"和"死生有命，富贵在天"是后世经常引用的名句。这段话的意思是，君子做事认真，礼貌待人，所有和他相处的人都会把他当兄弟一样对待。比如你在学校里学习成绩优异，对同学和和气气，礼貌待人不与人争吵，有好吃的、好玩的和同学们分享，经常帮助别人，那么大家自然会与你成为朋友。

20. 子贡曰："君子亦有恶①乎？"子曰："有恶。恶称人之恶者，恶居下流而讪上者，恶勇而无礼者，恶果敢而窒者。"曰："赐也亦有恶乎？""恶徼②以为智者，恶不逊以为勇者，恶讦③以为直者。"——《论语·阳货》

【注释】①恶：wù，讨厌，厌恶。这段除了后面的"人之恶者"的"恶"读è，其他的都读wù。

②徼：抄袭。

③讦：揭发别人的隐私。

【译文】子贡说："君子也有厌恶的人吗？"孔子说："有厌恶的人。厌恶到处传播别人坏话的人，厌恶身为下级却诽谤上级的人，厌恶勇猛却不懂礼节的人，厌恶竭力贯彻自己主张却固执己见的人。"孔子又说："赐，你也有厌恶的人吗？"子贡说："我厌恶抄袭别人的成绩而作为自己成就的人，厌恶毫不谦虚却自以为勇敢的人，厌恶揭发别人的隐私却自以为直率的人。"

【写给孩子的话】

这段话说的是君子所厌恶的事，也就是我们不能去做的事。到处说别人坏话的事不能做；说父母、老师等长辈坏话的事不能做；不讲礼貌，和别人吵架、打架的事不能做；自己做错了仍固执己见，不肯改正的事不能做；抄袭别人作业，考试作弊的事不能做；对人不谦让，到处惹是生非的事不能做；嘲笑别人隐私、身体缺陷的事不能做，比如取笑别人胖、个子不高、长得不好看等。

21. 子夏曰："君子有三变：望之俨①然，即之也温，听其言也厉。"——《论语·子张》

【注释】①俨：庄重。

【译文】子夏说："君子给人的印象有三种：远远望去非常庄重，接近后却感到温和可亲，听他说话又觉得很严厉。"

【写给孩子的话】

　　这段话说的是君子的仪态。君子的举止端正庄重，态度平易近人，说话严肃认真，这也是我们要努力达到的目标。

22. 曾子曰："君子以文会友，以友辅仁。"——《论语·颜渊》

【译文】曾子说："君子以文章学问来结交朋友，依靠朋友帮助自己来培养仁德。"

【写给孩子的话】

这段话的意思是，结交有学识的朋友可以增进道德和学问。平时要多和性格温和、懂礼貌的人接触，多和他们交朋友，久而久之，你受到他们的影响，性格也会变得温和，对人也会更有礼貌。

23. 子曰："君子不器。"——《论语·为政》

【译文】孔子说："君子不像器具那样（只有一定的用途）。"

【写给孩子的话】

　　这段话的意思是，人的才能不要局限在一个小的范围内。学生在学校里，不但要学好语文、数学、英语，也要学好美术、音乐、体育等其他科目，不让自己偏科，要使自己的素质得到全面发展，长大以后才能更好地胜任各种社会工作。

24. 子曰："君子周①而不比②，小人比而不周。"——《论语·为政》

【注释】①周：以道德来团结人。

②比：以暂时的利益相互勾结。

【译文】孔子说："君子团结而不与人勾结，小人与人勾结而不团结。"

【写给孩子的话】

　　小人是品德与君子相反的人，他们喜欢明争暗斗，做搬弄是非、挑拨离间、隔岸观火、落井下石之类的坏事。他们见风使舵，谁得势就依附谁，谁失势就舍弃谁，是孔子最厌恶的人。这段话说的是君子和小人与别人相处的方式。道德高尚的人为了互相帮助在一起，彼此团结，相亲相爱；道德低下的人总是为了利益勾结在一起，合伙去害人，彼此间互相算计。

25. 子曰："君子坦荡荡，小人长戚戚。"——《论语·述而》

【译文】孔子说："君子（问心无愧）心胸宽广，小人（计较得失）经常忧愁。"

【写给孩子的话】

　　这段话说的是君子和小人的胸怀不同。君子做事是为了大家的利益，不会去计较自己的得失，因此胸怀坦荡；小人做事是为了自己的利益，总是去算计别人，既怕别人占了自己的便宜，又怕自己占不到别人的便宜，因此总是愁眉苦脸、疑神疑鬼。

26. 子曰："君子怀德，小人怀土；君子怀刑，小人怀惠。"——《论语·里仁》

【译文】孔子说："君子关心仁义之德，小人关心土地财产的索取；君子关注国家法度，小人注重得到实惠。"

【写给孩子的话】

　　孔子认为君子有高尚的道德，他们胸怀远大，视野开阔，考虑的是国家和社会的大事；而小人则自私自利，只考虑个人和家庭的小利益。

27. 子曰："君子喻于义，小人喻于利。"——《论语·里仁》

【译文】孔子说："君子明白大义，小人只知道小利。"

【写给孩子的话】

　　这段话说的是君子和小人的思想境界不同。君子关心国家大事，知道国家好自己才会好，愿意为国家利益牺牲个人利益；小人只关心自己会得到什么好处，当国家出现重大变故的时候，这些人就有可能为了个人利益背叛国家，成为万人唾弃的叛徒。

28. 子曰："君子成人之美，不成人之恶。小人反是。"——《论语·颜渊》

【译文】孔子说："君子成全别人的好事，不去促成别人的坏事。小人则与此相反。"

【写给孩子的话】

　　这段话说的是君子和小人做事的用心不同。君子看到别人要完成一件好事、大事的时候，就会暂时放下自己的利益去帮助他；君子看到别人要做坏事的时候，就会不顾自己的安危，挺身而出去制止他。小人看到别人要完成一件好事、大事的时候，就会想尽办法去破坏它；小人看到别人有不好的念头时，就会怂恿他去做坏事。

29. 子曰："君子和而不同，小人同而不和。"——《论语·子路篇》

【译文】孔子说："君子讲求和谐却不强求完全一致，小人要求完全一致却不懂相互之间的协调。"

【写给孩子的话】

　　君子是非分明，胸怀宽广，遇到别人和自己的意见不同时，既不会斤斤计较，也不会阿谀附和，而是能让大家各抒己见，团结合作。小人争名夺利，不肯谦让，遇到别人和自己的意见不同时，对权势比自己高的就去阿谀附和，对权势比自己低的就去排挤打压。

30. 子曰："君子泰而不骄，小人骄而不泰。"——《论语·子路》

【译文】孔子说："君子安宁坦然而不傲慢无礼，小人傲慢无礼而不安宁坦然。"

【写给孩子的话】

　　君子心胸宽广，谦虚好学，礼貌待人，所以能够"泰而不骄"。小人不谦虚好学，自以为是，总是算计自己的利益，患得患失，所以才会"骄而不泰"。

31. 子曰："君子上达，小人下达。"——《论语·宪问》

【译文】孔子说："君子有高明的远见，通达仁义；小人目光短浅，只追求财利。"

【写给孩子的话】

　　这段话说的是君子和小人追求的目标不同。君子追求的不光是物质目标，还有高尚的精神目标，他在要求自己做好的同时，还会帮助其他人，让大家都能够成为有道德的人。小人不会去追求精神目标，只追求眼前的物质利益，他们的精神是空虚的，一旦物质丧失，他们的精神就会崩溃。

32. 子曰："君子求诸己，小人求诸人。"——《论语·卫灵公》

【译文】孔子说："君子严格要求自己，小人苛刻要求别人。"

【写给孩子的话】

　　君子严于律己，乐于奉献，不管做什么都要求自己尽最大的努力去做好；小人总是想占别人的便宜，做什么都不出力，只会要求别人把事做好，自己去享受好处。比如学校大扫除，品德好的同学就会想着要把卫生打扫干净，抢着做事，生怕自己不够尽力；而品德不好的同学就会想尽办法偷懒，对别人指手画脚，等别人打扫完后才装模作样地动两下。

33. 子曰："君子不可小知而可大受也,小人不可大受而可小知也。"——《论语·卫灵公》

【译文】孔子说:"君子不可以用小事情考验他,但可以让他承担重大的任务;小人不能让他承担重大的任务,但可以用小事情考察他。"

【写给孩子的话】

　　君子的才能和品德可以担当重任,但是在每件小事上未必都胜过他人,所以君子不可以用小事情去考验他,而应该让他去做大事。小人品德低劣,但并非一无是处,所以小人不可以承担大事,只能去做些小事。我们不能因为一件小事没有做好就轻视君子的才能,也不能因为有一点小才能就把小人当成君子。

34. 子贡曰："君子之过也，如日月之食焉。过也，人皆见之；更①也，人皆仰之。"——《论语·子张》

【注释】①更：改变。

【译文】子贡说："君子的过错，好比日食和月食。他有过错，人人都看得见；他改正了，人人都仰望他。"

> **【写给孩子的话】**
>
> 　　这段话告诉我们，有了过错应该当众承认，当众改正。比如你在学校不小心损坏了公物，如果你勇敢地向老师承认错误，并且赔偿了公物，老师和同学会认为你是个勇于担当、知错就改的人。

35. 子夏曰："小人之过也必文。"——《论语·子张》

【译文】子夏说："小人对自己的过错一定会掩饰。"

【写给孩子的话】

这段话告诉我们，犯了错要勇敢承认，不要去掩饰，否则其他人会认为你是个道德低下的人。

---

36. 曾子曰："士不可以不弘毅，任重而道远。仁以为己任，不亦重乎？死而后已，不亦远乎？"——《论语·泰伯》

【译文】曾子说："读书人不可以不志向远大和意志坚定，因为他们责任重大而且前程遥远。他们把实现仁德作为自己的责任，责任难道还不重大吗？他们奋斗至死，难道前程还不遥远吗？"

【写给孩子的话】

　　成语"任重道远"就是出自这里。因为孔子和他的很多学生都出身于"士"，所以后来就把"士"作为知识分子的统称。这段话告诉我们，做人要胸怀大志，意志坚定，如果有一个远大的目标，学习就会有更大的动力。比如有的人想成为画家，那他就会把所有的业余时间都投入美术学习，努力提高自己的绘画技巧；有的人想成为飞机设计师，那他就会把所有的业余时间都投入数学、物理等课程。有了理想，再加上不懈的努力，最终就能实现这个目标。

37. 子路问曰："何如斯可谓之士矣？"子曰："切切偲偲^①，怡怡如也，可谓士矣。朋友切切偲偲，兄弟怡怡。"——《论语·子路》

【注释】①偲偲：sī，互相勉励，互相督促。

【译文】子路问道："怎样才可以称为'士'呢？"孔子说："互相勉励督促，和睦共处，就可以被称为'士'了。朋友之间互相勉励督促，兄弟之间和睦共处。"

【写给孩子的话】

　　这段话说的是对朋友和兄弟应该采取的态度。道德高尚、有学识的人，会和周围的朋友互相帮助，互相勉励，共同进步；会和家里的兄弟姐妹相亲相爱，团结和睦，共同孝敬长辈。

第五章 修身篇

1. 子贡问曰："有一言而可以终身行之者乎？"子曰："其恕乎！己所不欲，勿施于人。"——《论语·卫灵公》

【译文】子贡问："有没有一句可以终身奉行的话呢？"孔子说："那就是'恕'吧！自己不想要的事物，就不要强加给别人。"

【写给孩子的话】

"己所不欲，勿施于人"是后世经常使用的名句。自己不想要的，别人多半也不想要，所以就不要强加给别人。如果人人都能够做到这一点，那么天下人就会互相爱护，而不会互相伤害了。比如你休息的时候讨厌别人发出大的声音吵到你，那么在别人休息的时候，你也应该注意自己的动作，不要发出大的声音吵到别人。

2.子绝四：毋意，毋必，毋固，毋我。——《论语·子罕》

【译文】孔子杜绝了四种缺点：凭空猜测，武断，固执己见，自以为是。

【写给孩子的话】

　　只听到了一些闲言碎语，不去求证就对其他人或事下结论，这就是凭空猜测；完全凭自己的想象做决定，这就是武断；不听其他人的意见，这就是固执己见；总是看不起其他人，觉得自己什么都是对的，这就是自以为是。这四种缺点让我们不能公平地对待每个人，不能公正地处理每件事，所以孔子要杜绝这些缺点。

3. 子曰："三军可夺帅也，匹夫不可夺志也。"——《论语·子罕》

【译文】孔子说："一国军队的主帅可能被抓去，但一个人的志向是不能被夺去的。"

【写给孩子的话】

　　一个人要实现伟大的理想，完成重要的事情，必须拥有坚定不移的志气，如果没有志气，就会一事无成。明朝著名的思想家王阳明在十一岁的时候就立志要读书做圣贤，后来他经历了许多磨难，甚至差点丢了性命，然而他始终怀着坚定的志气，勇敢地坚持了下来，终于在他三十七岁那年，在贵州的龙场悟出了"心学"。后来他四方游学，将自己的学说广泛传播。去世后，他与孔子、孟子、朱熹一起被尊为儒家圣人。

4. 子曰："弟子，入则孝，出则弟，谨而信，泛爱众，而亲仁。行有余力，则以学文。"——《论语·学而》

【译文】孔子说："年轻人在父母跟前，就孝顺父母；出门在外，便敬爱兄长；少说大话，言行要诚实可信，要博爱大众，亲近那些有仁德的人。这样做了之后还有时间和精力的话，就再去学习文化知识。"

【写给孩子的话】

　　这段话说的是对少年儿童进行教育的方法。孔子认为对儿童进行教育，应该先培养他们良好的道德品质，然后再让他们去学习文化知识。如果一个人的道德品质不好，就算他学习再好，也只会是一个惹是生非、招人厌恶的人。

5. 子夏曰："贤贤易色；事父母，能竭其力；事君，能致其身；与朋友交，言而有信。虽曰未学，吾必谓之学矣。"——《论语·学而》

【译文】子夏说："一个人能够看重品德而不重容貌；侍奉父母，能够竭尽全力；侍奉君主，能够献出自己的生命；同朋友交往，说话诚实守信。这样的人，尽管他自己说没有学习过，我一定说他已经学习过了。"

【写给孩子的话】

　　这段话说的是检验读书学习应该看实际效果。古人读书学习主要是明白做人的道理，是不是真的学习了，学得好不好，应该看实际效果。提高品德，孝敬父母，服务社会，诚信交友，能够做到以上四点，就说明达到了学习的目的。如果学了做不到，那就等于没有学。

6. 孔子曰："益者三乐，损者三乐。乐节礼乐^①，乐道人之善，乐多贤友，益矣。乐骄乐，乐佚游，乐晏乐，损矣。"——《论语·季氏》

【注释】①乐：yuè，音乐。

【译文】孔子说："有益的快乐有三种，有害的快乐有三种。以得到礼乐的调节为快乐，以宣扬别人的好处为快乐，以交了许多贤德的朋友为快乐，这是有益的。以骄傲为快乐，以游荡忘返为快乐，以宴会狂欢为快乐，这是有害的。"

【写给孩子的话】

　　休闲的方式有很多种，有的能让我们在享受快乐的同时增长知识、提高品德，有的却会损害我们的身心健康。比如和好朋友一起去图书馆阅读，参加课外活动，认识新的朋友，等等，这些都是既可以享受快乐，又可以增长知识、提高品德的休闲方式；但是不吃不喝地玩电子游戏，和喜欢惹是生非的人一起去打闹，这些都是对身心有害的。

7. 孔子曰："不知命，无以为君子也；不知礼，无以立也；不知言，无以知人也。"——《论语·尧曰》

【译文】孔子说："不懂得天命，没有可能成为君子；不懂得礼，没有可能立足于社会；不懂得识别他人说的话，就不能真正了解他。"

【写给孩子的话】

这段话说的是做人的道理。不懂得由命运决定的道理，就会怨天尤人，胡作非为，不能成为安贫乐道的君子。比如你的家里没有其他同学的家里有钱，看到其他同学穿名牌衣服，有很贵的玩具，就回家和爸爸妈妈闹着也要买，这就是"不知命"。不懂得礼貌，就不能和别人友好相处，就不能立足于社会，比如你在学校里不尊敬老师，辱骂同学，那么大家就都会疏远你。不懂得分析别人的言论，就分不清是非，不能真正地了解别人。比如有的同学很会奉承人，你不能因为他对你说了好话就认为他是个品德好的人，而应该分析他说的话是不是出自真心，观察他平时的言行，这样才能真正了解他的为人。

8. 子曰："奢则不逊，俭则固。与其不逊也，宁固。"——《论语·述而》

【译文】孔子说："奢侈了就会越礼，节俭了就会寒酸。与其越礼，宁可寒酸。"

【写给孩子的话】

　　大方过头就变成了奢侈，节约过头就变成了小气，比如买东西都挑贵的、好的买，这就是奢侈；和朋友在一起总是算计，只想让别人出钱自己不出钱，这就是小气。这两种都是不好的，最好是能做得恰到好处，既不大手大脚，又不小里小气，但是做到这点很难，如果达不到，就让自己尽量节俭一些，因为奢侈的害处要大得多。

9. 子曰："饭疏食^①饮水，曲肱^②而枕之，乐亦在其中矣。不义而富且贵，于我如浮云。"——《论语·述而》

【注释】①疏食：粗粮。

②肱：由肩至肘的部位。曲肱即弯着胳膊。

【译文】孔子说："吃粗粮，喝白水，弯着胳膊当枕头，乐趣也就在这中间了。用不正当的手段得来的富贵，对于我来讲就像是天上的浮云一样。"

【写给孩子的话】

这段话说的是孔子安贫乐道，反对用不正当的手段求取富贵的思想。比如有的人没有钱买好东西，当他看到别人有好东西时，就想方设法从别人那里偷来，这就是不义之财，这种事是孔子坚决反对的。

10. 子贡曰："贫而无谄,富而无骄,何如?"子曰:"可也;未若贫而乐,富而好礼者也。"——《论语·学而》

【译文】子贡说:"贫穷而能不巴结奉承,富有而能不骄傲自大,怎么样?"孔子说:"可以了;但是还不如虽贫穷却乐于道,虽富裕却谦虚好礼之人。"

【写给孩子的话】

　　人在贫穷时容易去巴结讨好有钱人,在富贵时容易骄傲自大,因此贫穷而不去巴结人,富贵时不骄傲自大,孔子认为这种人的品德是值得称赞的。但是孔子认为这还不如贫穷而让自己保持快乐,富贵而爱好礼节的人道德修养高。因为他们贫穷时去从事自己喜欢的事业,让自己保持快乐,忘却了贫穷;富贵时爱好礼节,约束自己的言行,忘却了富贵。

11. 子曰："贫而无怨难，富而无骄易。"——《论语·宪问》

【译文】孔子说："贫穷却没有怨恨是很难做到的，富裕却不骄傲是
　　　　容易做到的。"

【写给孩子的话】

　　贫穷的人饥寒交迫，每天为生计奔波，要他心中毫无
怨气，这是很难做到的；富裕的人丰衣足食，每天都无忧
无虑，在这样优越的生活环境里去学习礼仪，做到谦虚待
人，不骄傲自大，相对来说是容易的。对于我们来说，很
难做到的事应该努力去做，容易做到的事也不能不重视。

12. 子曰："知之者不如好^①之者，好之者不如乐之者。"——《论语·雍也》

【注释】①好：hào，喜爱。

【译文】孔子说："（对于学问）懂得它的人不如喜爱它的人；喜爱它的人又不如以它为乐的人。"

【写给孩子的话】

这段话说的是求学的三种态度。举例来说，大多数人学习数学只是做到学懂老师教的知识，老师教什么他们就学什么，这就是孔子说的"知之者"；而有少部分人会在学习的过程中喜欢上数学，他们就会在课外继续学习老师没有教的知识，这就是孔子说的"好之者"；但是数学越学到后面越难，喜欢数学的人中大多数也都止步不前了，只有很少一部分人愿意继续钻研，他们在探索新知识的过程中得到了快乐，并以此为终身奋斗的目标，最后成了数学家，这就是孔子说的"乐之者"。

13. 子曰："不患人之不己知，患不知人也。"——《论语·学而》

【译文】孔子说："不怕别人不了解自己，只怕自己不了解别人。"

【写给孩子的话】

一般人常常抱怨别人不了解自己，而不会去思考自己是不是了解别人。孔子认为，我们不要去向别人炫耀，不要去抱怨别人不了解自己，要思考是不是因为自己见识浅陋，不能了解别人，在让别人了解自己之前应该先让自己了解别人。

14. 子曰："不患人之不己知，患其不能也。"——《论语·宪问》

【译文】孔子说："不担心别人不知道自己，只担心自己没有本事。"

【写给孩子的话】

　　这段话和"君子病无能焉，不病人之不己知也"是一个意思。我们不用担心别人不了解自己，而应该担心自己是不是有本事，真正有本事的人终究会被别人了解的。

15. 子曰："不患无位，患所以立^①。不患莫己知，求为可知也。"——《论语·里仁》

【注释】①立：就是"位"字，古时"立"和"位"通用。

【译文】孔子说："不怕没有官位，就怕自己没有学到可以胜任官职的本领。不怕没有人知道自己，只求自己成为有真才实学值得为人们所称赞的人。"

【写给孩子的话】

　　这段话和上段话的意思一样，都是要我们努力增长自己的本领，这样才会得到别人的尊敬。

16. 子曰："见贤思齐焉，见不贤而内自省①也。"——《论语·里仁》

【注释】①省：自我检查。

【译文】孔子说："见到贤人，就应该向他学习、看齐，见到不贤的人，就应该自我检查（自己有没有与他类似的毛病）。"

【写给孩子的话】

　　这段话可以和"三人行，必有我师焉，择其善者而从之，其不善者而改之"结合起来理解。对于比自己优秀的人，我们要学习他们的优点；对于不如自己的人，我们要明白他们的缺点，并引以为戒。比如有的同学待人大方，从来不占别人的便宜，大家都愿意和他交朋友，这就是他的优点，你应该多向他学习；而有的同学待人小气，总是想占别人的便宜，大家都疏远他，那么你就要检查一下自己是不是有和他类似的毛病，如果有的话，就要马上改正。

17. 子曰："躬自厚而薄责于人，则远怨矣。"——《论语·卫灵公》

【译文】孔子说："多责备自己而少责备别人，那就可以避免别人的怨恨了。"

【写给孩子的话】

　　这段话告诉我们，要严于律己，宽以待人。严格要求自己，自身的道德就会越来越完善，就越能得到别人的信任和尊重；宽容对待别人，别人就会觉得你胸怀宽大，就不会责备你、怨恨你。比如你和其他同学一起参加学校运动会的接力比赛，结果没有获得奖牌，这个时候你不能因为觉得是别人拖累了你而去责备别人，而应该告诉大家是因为自己锻炼得还不够，以后会加强锻炼，争取下次拿到奖牌，这样大家既不会互相责备，又会对你的胸怀更加钦佩。

18. 子曰："人而无信，不知其可也。大车无輗①，小车无轨②，其何以行之哉？"——《论语·为政》

【注释】①輗：ní，古代用牛拉的车叫大车，用马拉的车叫小车。把牲口套在车辕上，车辕前面有一道横木，就是驾牲口的地方，大车上的横木叫鬲，小车上的横木叫衡，横木两头都有木销，輗就是大车横木上的木销。车子没有木销，就套不住牲口，当然就没有办法行驶了。
②轨：yuè，小车车辕前面横木上的木销。

【译文】孔子说："一个人不讲信用，是根本不可以的。就好像大车没有輗，小车没有轨一样，它靠什么行驶呢？"

【写给孩子的话】

这段话告诉我们，诚信是立身处世的根本。我们在和别人交往的时候，一定要做到言而有信，如果你老是不讲信用，想方设法欺诈别人，最后倒霉的往往会是自己。比如历史上有个"烽火戏诸侯"的故事，西周末年，周幽王为了逗他喜欢的妃子开心，就在城头点燃烽火。烽火是周幽王和诸侯的约定，在受到敌人入侵的时候，周幽王点燃烽火，诸侯就会出兵前来保护他。当诸侯看到烽火点燃了，以为周幽王受到了侵略，纷纷率领大军前来，他们来到城下见没有敌人，都不知所措。妃子见城下的人乱成一团，顿时哈哈大笑了起来，诸侯见自己被戏弄，都气呼呼地离开了。后来敌人真的入侵了，周幽王点燃烽火求救，诸侯因为上过当，不再相信周幽王，就都不派兵。最后周幽王自食其果，被外敌杀死了。

19. 子曰："其言之不怍①，则为之也难。"——《论语·宪问》

【注释】①怍：zuò，惭愧。

【译文】孔子说："那个人说话大言不惭，那么他实现这些话就是很
　　　　困难的了。"

　　【写给孩子的话】

　　　　说话大言不惭的人，都是没有决心和毅力去做事的人。
他们说大话的时候，从来不会认真考虑自己是不是能实
现。而言行一致的人，都是说话谨慎的人，他们在决定一
件事之前，都会经过深思熟虑，一旦决定了，就一定会尽
全力去完成。

幼读《论语》精选

20、子曰："德之不修，学之不讲，闻义不能徙^①，不善不能改，是吾忧也。"——《论语·述而》

【注释】①徙：迁移，这里指行动。

【译文】孔子说："品德不去修养，学问不去讲习，听到合乎道义的事不去做，有缺点不改正，这些都是我所忧虑的事情。"

> 【写给孩子的话】
>
> 我们要时时以"恕"来要求自己，努力提高自己的修养；要多多学习新知识，努力提高自己的学识；要去做公平、正义的事，即使困难重重也不能退缩，如孔子一样"知其不可而为之"；知道了自己的错误就要马上改正，不要觉得不好意思，丢了脸，顽固地坚持错误。孔子认为如果不能做到这四点，道德和学问就不能进步。

21. 曾子曰："吾日三省①吾身：为人谋而不忠乎？与朋友交而不信乎？传②不习乎？"——《论语·学而》

【注释】①省：自我检查。

②传：老师传授的知识。

【译文】曾子说："我每天多次自我检查：为别人办事是不是尽心竭力了呢？同朋友交往是不是做到诚实可信了呢？老师传授给我的知识是不是复习了呢？"

【写给孩子的话】

曾子说的第一条、第二条是要时刻不忘提高自己的品德，第三条是要时刻不忘学习知识。我们在这两方面坚持不懈地努力，就可以把自己培养成德才兼备的人。

22. 子张问崇德辨惑。子曰："主忠信，徙义，崇德也。爱之欲其生，恶①之欲其死；既欲其生，又欲其死，是惑也。"——《论语·颜渊》

【注释】①恶：厌恶，讨厌。

【译文】子张问怎样提高品德和明辨迷惑。孔子说："以忠诚信实为主，使自己的思想合于义，这就可以提高品德了。爱一个人就希望他长寿，厌恶起来就恨不得他立刻死去；既要他长寿，又要他死，这就是迷惑。"

【写给孩子的话】

　　这段话说的是提高道德和辨别是非的方法。我们有时候会冒出一些念头，这时不能根据自己的喜好去做，而要根据道德来判断这些念头是不是合情合理的。如果是就可以去做，如果不是就必须果断放弃，长此以往，我们的品德就会得到提高了。比如你在学校的花坛里看到一朵漂亮的花，突然冒出一个想摘下它的念头，这时你根据学到的道德知识来判断，明白了这是损坏公物的行为，那么就应该马上放弃这个想法。我们和一个人交朋友时应该彻底了解他，不能和他关系好的时候觉得他什么都好，和他起争执了就觉得他什么都讨厌，这说明你对他是不了解的，是有迷惑的，这样是没有办法和他真正做朋友的。

23. 樊迟从游于舞雩①之下，曰："敢问崇德、修慝②、辨惑。"子曰："善哉问！先事后得，非崇德与？攻其恶，无攻人之恶，非修慝与？一朝之忿，忘其身以及其亲，非惑与？"——《论语·颜渊》

【注释】①雩：yú，古代求雨的祭礼。
　　　　②慝：tè，邪恶。

【译文】樊迟陪着孔子在舞雩台下游逛，说："请问怎样提高自己的品德？怎样改正自己的过失？怎样明辨迷惑？"孔子说："问得好！做事争先，享受在后，这不是提高品德了吗？检讨自己的错误，不指责别人的错误，这不是改正自己的过失吗？由于一时的气愤，就忘记了自身的安危，以致牵连到自己的亲人，这不就是糊涂吗？"

【写给孩子的话】

一般人的通病是：先去享受，没办法享受了才去做事；喜欢指责别人，觉得自己都是对的，别人都是错的；容易因为一些小事大动肝火，最后斗得头破血流，甚至把家人和朋友也卷入不必要的纷争。孔子的话就是针对这些通病说的，这也是我们要引以为戒，必须杜绝的。

24. 颜渊、季路侍。子曰："盍^①各言尔志。"子路曰："愿车马衣轻裘^②与朋友共，敝之而无憾。"颜渊曰："愿无伐善，无施劳。"子路曰："愿闻子之志。"子曰："老者安之，朋友信之，少者怀之。"——《论语·公冶长》

【注释】①盍：hé，何不。
②裘：皮衣。

【译文】颜渊、子路两人侍立在孔子身边。孔子说："你们何不各自说说自己的志向？"子路说："愿意把我的车马、衣服同朋友共同使用，用坏了也不抱怨。"颜渊说："我愿意不夸耀自己的长处，不强调自己的功劳。"子路对孔子说："愿意听听您的志向。"孔子说："（我的志向是）让年老的人安心，让朋友们信任我，让年轻人得到关怀。"

【写给孩子的话】

孔子和子路、颜回各自述说自己的志向，表达了他们为人处世的态度。从他们的话语里我们可以学习到：好东西要跟朋友分享，不要在别人面前炫耀，要尊老爱幼，不说假话，不讲大话，做事要言而有信。

第六章　知人篇

1.子曰："性相近也，习相远也。"——《论语·阳货》

【译文】孔子说："（人出生时的）本性是相近的，（只是因为生活环境不同才导致）习性有很大的差别。"

【写给孩子的话】

　　所有人生下来都是一样天真无邪，人的性格、思想、习惯等性情之所以不同，是因为受到成长环境的影响。了解一个人最直接的方法，就是看他的家庭、他的朋友、他在什么地方生活、他在什么地方学习，通过这些就可以判断出这个人的性情。

2. 孔子曰："益者三友，损者三友。友直，友谅，友多闻，益矣。友便辟，友善柔，友便佞①，损矣。"——《论语·季氏》

【注释】①佞：花言巧语。

【译文】孔子说："有益的朋友有三种，有害的朋友有三种。同正直的人交朋友，同诚信的人交朋友，同见闻广博的人交朋友，这是有益的。同阿谀奉承的人交朋友，同当面恭维背后诽谤的人交朋友，同花言巧语的人交朋友，这是有害的。"

【写给孩子的话】

　　这段话说的是应该和什么样的人交朋友。交有益的朋友能让自己的品德和学问得到提高，帮助自己成为一个对社会有贡献的人；交有害的朋友不但会拉低自己的道德水平，荒废自己的学业，甚至会被他们带上犯罪的道路，最后不但伤害了别人，而且伤害了自己。

3. 子贡问友。子曰："忠告而善导之，不可则止，毋自辱焉。"——
《论语·颜渊》

【译文】子贡问应该怎样对待朋友。孔子说："忠心地劝告他，好好
　　　　地引导他，如果他不听也就罢了，不要自取其辱。"

【写给孩子的话】

　　如果朋友有做错的地方，你当然应该指出来，让他认识到自己的错误，引导他改正。但是如果朋友固执己见，不肯接受你的劝告和引导，那你就不要再喋喋不休地对他说教，否则他就会觉得你在干涉他的私人生活，会引起他的反感，惹来他的辱骂，最后被他疏远。所以对朋友的建议，即使出发点是好的，也要适可而止。

4. 子游曰："事君数①，斯辱矣；朋友数，斯疏矣。"——《论语·里仁》

【注释】①数：shuò，多次，在这里引申为烦琐的意思。

【译文】子游说："对待君主太过烦琐，就会招致侮辱；对待朋友太过烦琐，就会反被疏远。"

【写给孩子的话】

　　你给老师、长辈们提建议，他们不听，你三番五次地去跟他们说，次数多了就会让他们觉得你很烦，最后反而招来他们的斥责；你给朋友劝告，他不听，你又三天两头地去跟他唠叨，次数多了他就会觉得你很烦，反而会疏远你，最后不跟你来往了。

5. 子曰："可与共学，未可与适道；可与适道，未可与立；可与立，未可与权。"——《论语·子罕十》

【译文】孔子说："可以一起学习的人，未必可以一起学到道；可以一起学到道的人，未必可以一起坚守道；可以一起坚守道的人，未必可以一起随时变通。"

【写给孩子的话】

　　一起学习的同学，有的成绩优异，品德过人，有的却什么也没学会，还经常惹是生非，这是因为学习的态度不同，只有抱着认真刻苦的态度学习才能越来越优秀。现在学习好的同学，在几年后，有的仍然保持着优秀，有的却逐渐跟不上，变得很一般了。这是因为意志不同，只有拥有持之以恒的意志才能保持一直优秀。学习一直优秀的同学，有的可以学以致用，灵活地将学到的知识运用到生活中，有的却只会死读书，除了考试什么都做不好。这是因为不同的人对学习的理解不同，学习要会举一反三，不能老师教什么就学什么，老师不教的就不去学，只有真正理解了学到的知识才能活学活用。

6. 子曰："士志于道，而耻恶衣恶食者，未足与议也。"——《论语·里仁》

【译文】孔子说："读书人有志于（学习和实行）真理，但又以自己吃穿得不好为耻辱，对这种人，是不值得与他商议的。"

【写给孩子的话】

　　孔子认为，读书人有志于追求真理，但是又贪图享受，那么他追求真理的意志就不坚定，就不值得与他谈论真理。如果你身边有类似这样的人，一边喊着要好好学习，一边又和别人攀比穿的衣服、用的东西，那他的学习意志就不会坚定，你就要远离他。

7. 子曰："群居终日，言不及义，好行小慧，难矣哉！"——《论语·卫灵公》

【译文】孔子说："同大家整天聚在一块儿，不说一句有道理的话，只喜欢卖弄小聪明，这种人真难教导！"

【写给孩子的话】

　　这段话说的是只会卖弄口舌的小人。这种人不但自己不做事，而且到处晃荡找人说闲话，看到别人认真做事就过去指手画脚，冷嘲热讽，显得自己很有能耐。如果我们身边有这种人，一定要远离他。

8. 子张问明。子曰："浸润之谮^①，肤受之愬^②，不行焉，可谓明也已矣。浸润之谮，肤受之愬，不行焉，可谓远也已矣。"——《论语·颜渊》

【注释】①谮：zèn，说别人的坏话。

②愬：sù，诬告。

【译文】子张问怎样做才算是明智。孔子说："像水润物那样暗中挑拨的坏话，像切肤之痛般直接的诬告，在你那里都行不通，那你可以算是明智的了。暗中挑拨的坏话和直接的诬告，在你那里都行不通，那你可以算是有远见的了。"

【写给孩子的话】

这段话说的是有智慧、有远见的人不受谗言和诽谤的影响。小人在背后诬陷人的坏话，一开始大家不会相信，但是这些坏话被小人反反复复地传播，就会像水那样一滴一滴地渗透进大家的心里，最后达到水滴石穿的效果，让大家都深信不疑。小人对你的直接诽谤，会让你感受到切肤之痛，你受不了侮辱就会大发雷霆，这样反而中了小人的奸计，让大家觉得你是因为被说中了才生气。而有智慧、有远见的人能够看透小人的诡计，破解小人的阴谋，既保护自己也保护大家。

9. 子曰："论笃是与，君子者乎？色庄者乎？"——《论语·先进》

【译文】孔子说："言语笃实诚恳的人值得赞许，但还要仔细观察他
究竟是真君子呢，还是伪装成外表庄重的人呢？"

【写给孩子的话】

　　有的人外表忠厚老实，谈吐有礼貌，说起话来头头
是道，让别人很容易就信任他，对这种人我们尤其要留
心，要观察他在人前人后是不是一个样。是不是当着你的
面说你好话，背着你就说你的坏话；是不是当面说一套，
背后做一套；如果是，这种人就是比小人更坏的伪君子！
小人的坏，大家看得到，所以大家会防备；但是一般人很
容易被伪君子的外表欺骗，把他当君子一样信任，导致被他
坑害。

10. 子曰："众恶①之，必察焉；众好②之，必察焉。"——《论语·卫灵公》

【注释】①恶：wù，讨厌。
　　　　②好：hào，喜欢。

【译文】孔子说："大家都讨厌他，一定要去考察一下；大家都喜欢他，也一定要去考察一下。"

【写给孩子的话】

　　这段话告诉我们不要随声附和，人云亦云，要自己去确认事实。大家都讨厌他，也许是他坚持真理，不愿同流合污，这样的人其实才是真正的君子。大家都喜欢他，也许只是因为他是个老好人，样样事情不愿得罪人，好事坏事都说好，好人坏人都去夸，这样的人其实是个自私自利的人。

11. 子曰："视其所以，观其所由，察其所安。人焉廋①哉？人焉廋哉？"——《论语·为政》

【注释】①廋：sōu，隐藏，藏匿。

【译文】孔子说："要了解一个人，观察他为达到目的所采用的方式方法，了解他的心情，安于什么，不安于什么。那么，这个人怎么还能隐藏得了呢？这个人怎么还能隐藏得了呢？"

【写给孩子的话】

你想了解一个人，可以从三个方面来观察他：看他平常的言行举止、所作所为，了解他以前都做过哪些事，了解他的爱好。如果他说话做事都有礼貌，以前没有做过违法乱纪的事，他爱好的都是读书、运动这类积极向上的活动，而不是无休止地玩电子游戏、乱花钱这类没有精神追求的事，那么他的品德、性格就是优秀的，他就是可以结交的朋友。

12. 子曰："人之过也,各于其党。观过,斯知仁矣。" ——《论语·里仁》

【译文】孔子说:"一个人所犯的错误,总是与同类的人所犯错误的性质是一样的。所以,考察一个人所犯的错误,就可以知道他是什么样的人了。"

【写给孩子的话】

如果一个人受到的批评都是类似作业书写不够工整、课文背诵不够流利这些事,而他的品德没有受到过批评,说明他是一个品德良好的人,他的亲人和朋友可能也都是品德良好的人。如果一个人犯的错都是偷东西、打架、说人坏话、破坏公物等,说明他是一个品德不好的人,他的朋友可能也是品德不怎么好的人。

13. 宰予昼寝。子曰："朽木不可雕也，粪土之墙不可圬①也，于予与何诛②！"子曰："始吾于人也，听其言而信其行；今吾于人也，听其言而观其行。于予与改是。"——《论语·公冶长》

【注释】①圬：wū，粉刷。

②诛：责备，批评。

【译文】宰予白天睡懒觉。孔子说："腐朽的木头无法雕刻，粪土垒的墙壁无法粉刷。对于宰予这个人，责备还有什么用呢？"孔子说："起初我对人，是听了他说的话便相信了他的行为；现在我对人，听了他讲的话还要观察他的行为。就是从宰予这里我改变了观察人的方法。"

【写给孩子的话】

"朽木不可雕也"和"听其言而观其行"这两句常用语就是出自这里，后来当老师和长辈批评年轻人没出息时，就用"朽木不可雕也"来表达自己的极度失望。我们想了解一个人，不但要听他说的话，而且要看他做的事是不是和他说的话一致，品德良好的人都是言行如一的人。如果有人言行不一，那就不能信任他。

14. 子曰："法语之言，能无从乎？改之为贵。巽①与②之言，能无悦乎？绎③之为贵。悦而不绎，从而不改，吾末如之何也已矣。"
——《论语·子罕》

【注释】①巽：xùn，谦逊，恭敬。

②与：称许，赞许。

③绎：分析鉴别。

【译文】孔子说："符合礼法的正言规劝，谁能不听从呢？但（只有听从之后）改正自己的错误才是可贵的。恭顺赞许的话，谁听了能不高兴呢？但只有认真鉴别这些话（的真伪）才是可贵的。只是高兴（听到了好话）而不去分析鉴别，只是表示听从而不改正错误，（对这种人）我实在没有办法啊。"

【写给孩子的话】

这段话告诉我们，听了别人的劝告要及时改正错误，听了别人的好话要去分析鉴别。别人指出你的错误，给你提出劝告，是因为关心你，如果你只是左耳朵进右耳朵出，不改正错误，别人就会觉得你不尊重他，不会再给你提意见了。到那时没有人督促你，你犯了错自己也不知道，最后犯的错会越来越多，越来越大，甚至触犯法律。别人说你的好话，你当然喜欢听，但是你要分析一下：他说的是真话还是假话？为什么他会奉承你？他是不是有什么事要求你帮忙？还是有别的私心？只有冷静地分析鉴别，才能不被别人的奉承话迷惑。战国时，齐国的相国邹忌是个美男子，当时城北的徐公也是出名的美男子，邹忌问他的妻、妾，他和徐公谁更英俊，妻、妾都说他英俊，他又问来访的一位客人，客人也说他英俊，邹忌便信以为真。后来邹忌见到了徐公，发现自己其实不如徐公。邹忌左思右想，终于想明白了，妻、妾和客人之所以这么说，是有意吹捧，是怀有私心的。妻因为爱他，所以说他英俊；妾因为怕他，所以说他英俊；客人因为有求于他，所以说他英俊。邹忌想明白了这个道理后，就向齐威王进谏，不要只听好话，要广开言路，齐威王听了邹忌的建议，开始任用贤才，集思广益，齐国从此蒸蒸日上。

15. 子曰："色厉而内荏①，譬②诸小人，其犹穿窬③之盗也与？"

——《论语·阳货》

【注释】①荏：rěn，软弱。

②譬：打比方。

③窬：yú，洞。

【译文】孔子说："外表严厉而内心怯懦，若用坏人做比喻，就像是个挖洞的小偷吧？"

> 【写给孩子的话】
>
> 　　成语"色厉内荏"就是出自这里。做了坏事的人，害怕别人揭穿自己，急于掩饰，就会装出很凶的样子，希望能把别人吓唬住，其实他的心里非常恐惧，生怕别人发现真相。

16. 子曰："好勇疾贫，乱也。人而不仁，疾之已甚，乱也。"——
《论语·泰伯》

【译文】孔子说："喜好逞强而又痛恨自己太穷困，就会作乱。对于
不仁德的人，如果过分痛恨他们，也会逼他们作乱的。"

【写给孩子的话】

对于品德不好的人，也要教育、引导他们，让他们能有
改过自新的机会。如果老是指责、嘲笑他们，就会打击到
他们的自尊心；如果过分地排挤他们，就会招致他们的怨
恨，甚至会激怒他们，最后反而让自己受到伤害。

第七章 行事篇

1. 子曰："人无远虑，必有近忧。"——《论语·卫灵公》

【译文】孔子说："一个人即时没有长远的考虑，也一定会有眼前的忧患。"

【写给孩子的话】

　　这段话告诉我们，要把眼光放长远，不要只看到眼前的利益，而不去考虑未来的奋斗目标。孔子认为，我们现在遇到的许多困难，都是因为以前没有做长远考虑所造成的。比如说我们现在的环境污染，就是因为连续几十年过度开发，没有做环境治理的长远规划造成的。对于个人来说，我们要对自己的人生目标有长远规划，这样才不会在未来遇到挫折时，对前途感到迷惘和困惑。比如周恩来在少年时就立下了"要为中华之崛起而读书"的志愿，之后他遇到了许多的挫折，甚至多次有生命危险，但是他始终以"中华之崛起"为奋斗目标，没有畏惧，没有退缩，最终成为一名伟大的无产阶级革命家。

2. 子曰："道不同，不相为谋。"——《论语·卫灵公》

【译文】孔子说："主张不同，不互相商议。"

【写给孩子的话】

　　如果你身边有这样一个人，你要学习，他却要玩；你要帮助别人，他却要去占别人便宜；你诚实待人，不传播谣言，他却总是说谎骗人，背地里说别人坏话；你对人讲礼貌，待人客客气气，他却目无尊长，到处惹是生非。这就是和你主张不同的人，这种人和你的道德观、价值观、学习观、生活观都不相同，你和他说话犹如对牛弹琴，遇到这种人正确的做法就是远离他，不要浪费力气和他沟通。历史上就有许多"道不同，不相为谋"的故事。在东汉末年，有两个人，一个叫管宁，一个叫华歆，他们经常在一起读书学习。有一天，他们在园中锄草，看见地上有一片金子，管宁依旧挥动着锄头，像看到瓦片石头一样没有区别，华歆高兴地拾起金片，然而看到管宁的神色后又扔了它。又有一次，他们坐在同一张席子上读书，有个大官的车刚好从门前经过，管宁还像原来一样读书，华歆却放下书出去观看。管宁就割断席子和华歆分开坐，说："你不是我的朋友了。"

3. 或曰："以德报怨，何如？"子曰："何以报德？以直报怨，以德报德。"——《论语·宪问》

【译文】有人说："用恩德来回报怨恨怎么样？"孔子说："那用什么来报答恩德呢？应该用公平正直来回报怨恨，用恩德来报答恩德。"

【写给孩子的话】

　　以德报怨是不理智的、虚伪的，这样做的人要么是个是非不分的滥好人，要么就是别有用心的伪君子。如果你用恩德去报答伤害过你的人，那你用什么去报答对你有恩德的人呢？孔子认为，我们应该用公平正直的心态来对待别人的怨恨，用恩德去报答别人对你的恩德。如果别人对你的怨恨是因为你之前做了对不起他的事，那你就要反思自己的所作所为，用公正的态度来对待他的怨恨；如果别人伤害你是因为他想损人利己，那你就不用对他客气。"以德报德"是扬善，"以直报怨"是惩恶，二者缺一不可。

4. 子曰："放于利而行，多怨。"——《论语·里仁》

【译文】孔子说："为追求个人利益而行事，会招致很多的怨恨。"

【写给孩子的话】

　　如果你做事情只考虑自己会得到什么好处，而不去考虑别人会不会有损失，那么就会被别人怨恨，别人就会疏远你。比如你在公共场合吃瓜子，为了自己方便，就随地乱吐瓜子壳，这种损人利己的行为既影响了公共卫生，又会麻烦保洁人员，就会招来大家对你的不满。

5. 子曰："无欲速，无见小利。欲速则不达，见小利则大事不成。"——《论语·子路》

【译文】孔子说："不要求快，不要贪求小利。求快反而达不到目的，贪求小利就做不成大事。"

【写给孩子的话】

　　"欲速则不达"是后世经常引用的名句。这段话告诉我们，做事要循序渐进，脚踏实地，不要为了急于求成而去投机取巧。人们为了求快，有时候会去走所谓的"捷径"，看似迅速做了很多事情，但其实事情解决得不彻底，最后往往把事情搞乱，反而耽误时间；而循序渐进地做事，一个问题一个问题地解决，看似很慢，但是事情做得很稳，最后一定能把所有的困难解决。比如有的同学为了考试能考个好分数，就去所谓的培训班上速成课，希望考试时能押中题，而实际上他并没有真正掌握那些知识点，即使押中了题，过段时间他又会忘记，这对于学习知识来说没有任何的帮助，只有脚踏实地地把知识点一个一个掌握好，才能真正学到知识，并且很多年后也不会忘记。

6.子曰："巧言乱德。小不忍则乱大谋。"——《论语·卫灵公》

【译文】孔子说："花言巧语足以败坏道德。小事情不能忍耐、包容，就会败坏大事情。"

【写给孩子的话】

　　"小不忍则乱大谋"是后世经常引用的名句。这段话告诉我们，不要听信花言巧语，因为那些话会动摇人的道德操守；遇到事情要从大处着想，小事情不要去斤斤计较，不然就会坏了大事。比如有人骂你，你想去打他，这个时候如果你忍了，或许就能平息一件小事，如果你不忍就会把小事变成严重的暴力事件。

7. 子曰："道听而途说，德之弃也。"——《论语·阳货》

【译文】孔子说："在路上听到传言就到处去散播，这是有道德的人所唾弃的。"

【写给孩子的话】

　　成语"道听途说"就是出自这里。这段话告诉我们，不要轻易相信未经证实的传言，更不要去传播，因为那些话很可能都是谣言。

8.子曰："过而不改，是谓过矣。"——《论语·卫灵公》

【译文】孔子说："有过错而不改正，那就成为真正的过错了。"

【写给孩子的话】

　　犯了错误就要及时改正，不要觉得这样会没面子，被别人笑话，有错不改才真的会被大家耻笑。比如你在读英语单词时发错了音，别人给你指出来，你觉得他英语不好，听他的没有面子，仍然按自己的想法读，结果在班上朗读时读出了错误的发音，成为大家嘲笑的对象。

9. 有子曰："信近于义，言可复也。恭近于礼，远耻辱也。因不失其亲，亦可宗也。"——《论语·学而》

【译文】有子说："讲信用要合于义，（合于义的）话才能实行；态度容貌要恭敬，合于礼，这样就不会遭受侮辱；所依靠的都是和自己关系深厚的人，那样也就可靠了。"

【写给孩子的话】

　　这段话告诉我们与人交往要保持谨慎。不能盲目地讲信用，只有合法合理的事才能讲信用去做。要多讲礼貌，礼多人不怪，即使你有些过失，别人看你有礼貌，也就不会为难你了。要相信和依靠自己的亲人和好朋友，不要轻易相信没经过深入了解的人，那些人很可能会为了自己的利益出卖你。

10. 子曰："笃信好学，守死善道。危邦不入，乱邦不居。天下有道则现，无道则隐。邦有道，贫且贱焉，耻也；邦无道，富且贵焉，耻也。"——《论语·泰伯》

【译文】孔子说："坚定信念并努力学习，誓死捍卫并完善治国与为人的大道。不进入政局不稳的国家，不居住在动乱的国家。天下政治清明就出来做官，天下政治黑暗就隐居不出。国家政治清明而自己过着贫穷和低贱的生活，是耻辱；国家政治黑暗而自己过着富裕和显贵的生活，也是耻辱。"

【写给孩子的话】

这段话虽然说的是为人处世的原则，但是对我们来说，仍然可以从中领悟到许多道理：要坚持不断地学习；不安全的地方不要去；如果大家成绩、品德都很好，而你不好，说明你懒惰，是耻辱的事；如果大家的穿着用品都很朴素，而你花钱大手大脚，不知节俭，也是耻辱的事。

11. 子曰："譬如为山，未成一篑①，止，吾止也。譬如平地，虽覆一篑，进，吾往也。——《论语·子罕》

【注释】①篑：kuì，装土的筐子。

【译文】孔子说："比如用土堆山，只差一筐土就完成了，如果这时停下来，那是我自己要停下来的。比如用土平地，虽然只倒了一筐土，如果这时继续前进，那是我自己要前进的。"

【写给孩子的话】

　　前半段话说的是做事如果不能坚持到底，即使快要接近成功，最终也会功亏一篑；后半段话说的是做事只要能持之以恒，哪怕是从零开始，最终也能成功。

12. 子曰："古者言之不出，耻躬之不逮①也。"——《论语·里仁》

【注释】①逮：赶上。

【译文】孔子说："古时候的人不轻易把话说出口，就是怕自己的行动赶不上。"

【写给孩子的话】

　　孔子主张谨言慎行，不轻易许诺，如果做不到，就会失信于人，你的威信也就降低了。比如你跟朋友承诺，在他生日时要送他一个亲手做的礼物，结果你嫌麻烦，就在商店买了一个，朋友满怀期待等着你送的礼物，收到后却发现只是一件普通的商品，心里当然会非常失望，以后也不会再相信你说的话了。

13. 子曰："以约失之者鲜①矣。"——《论语·里仁》

【注释】①鲜：xiǎn，少。

【译文】孔子说："用礼来约束自己，犯的错误就会少了。"

> **【写给孩子的话】**
>
> 这段话告诉我们，以道德来约束自己的行为可以减少犯错的次数；反过来说，如果不讲道德，放纵自己，就很可能会常常犯错。

14. 子曰："人之生也直，罔①之生也幸而免。"——《论语·雍也》

【注释】①罔：wǎng，不正直的人。

【译文】孔子说："一个人能在人世生存是因为正直，而不正直的人也能生存，只不过是因为他侥幸地免于灾祸。"

【写给孩子的话】

这段话告诉我们正直的人才能平安长寿，不然迟早会有灾祸。比如一个小偷经常去偷别人的东西，虽然有时候侥幸没有被抓到，但是时间长了，总有被抓到的一天。

15. 子曰："非其鬼而祭之，谄也。见义不为，无勇也。"——《论语·为政》

【译文】孔子说："不是你应该祭祀的鬼神，你却去祭祀它，这就是谄媚。见到应该挺身而出的事情，却袖手旁观，就是怯懦。"

【写给孩子的话】

前半段话批评谄媚讨好的行为，后半段话鼓励人们要见义勇为。你不喜欢的事物，为了去讨好别人而假装自己很喜欢，这就是谄媚，是让人不齿的行为。别人遇到危难的时候，你有能力却不去帮助，这就是怯懦，是让人唾弃的行为。

16. 食不语，寝不言。——《论语·乡党》

【译文】吃饭的时候不交谈，睡觉的时候不说话。

【写给孩子的话】

　　吃饭的时候说话，一来有可能让自己噎着，二来有可能把唾沫溅到别人身上或食物上，这既不礼貌也不卫生。睡觉的时候说话，会让自己睡不着；在你不睡觉而别人要睡觉的时候，不要发出大的声音，这样会影响别人休息。

17. 席不正，不坐。——《论语·乡党》

【译文】坐席放得不端正，不坐。

【写给孩子的话】

　　俗话说"坐有坐相，站有站相"，不管是在家里，还是在公共场合，我们都要让自己的仪态得体，否则会让人觉得你很没有礼貌，不尊重人。同样地，如果你看到有人在公共场合坐姿很不文雅，就可以知道那个人的道德修养不高。